AF245674

HISTOIRE

DES PREMIERES

EXPEDITIONS

DE

CHARLEMAGNE.

HISTOIRE

DES PREMIERES

EXPEDITIONS

DE

CHARLEMAGNE,

PENDANT SA JEUNESSE ET AVANT SON REGNE,

Composée pour l'Instruction de Louis le Debonnaire.

*Ouvrage d'*Angilbert*, surnommé* Homere, *Auteur contemporain.*

BIBLIOTHEQUE DE L'ARSENAL

A AMSTERDAM,

Aux dépens de la Compagnie.

M. DCC. XLI.

8° H 5830

A

TRE'S-HAUT, TRE'S-EXCELLENT
ET
TRE'S-PUISSANT
PRINCE

CHARLES-FEDERIC,

Par la Grace de Dieu, Roy de Prusse, Marggrave de Brandebourg, Archichambellan, & Prince Electeur du Saint Empire, Duc de Magdebourg, de Cleves, de Juliers & de Berg, de Stetin, de Pomeranie, de Cassubie, des Vandales, de Meklembourg en Silesie & de Crossen, Bourggrave de Nuremberg, Prince de Halberstat,

de Minden , de Camin , de
Vandalie , de Swerin , de Rat-
zembourg & de Meurs, Comte
de Hohenzollern, de Ruppin,
de Marck, de Ravenſperg, de
Hohenſtein, de Teklembourg,
de Lingen , de Swerin, de Bu-
ren, & de Leerdam , Marquis
de Veer , & de Vleſſingue ,
Seigneur de Ravenſtein , de
Roſtock, de Stargard, de La-
wembourg , de Butow , & de
Breda , &c.

SIRE,

En publiant L'HISTOIRE DES
PREMIERES EXPÉDITIONS DE

CHARLEMAGNE, c'eſt-à-dire d'un Prince qui fut le FEDERIC de ſon Siecle, à qui pourrois-je l'offrir qu'à FEDERIC même, le CHARLEMAGNE de celui-ci ? Ce Grand Prince fit paſſer du Nord en France les Sciences & les beaux Arts ; & VOTRE MAJESTE' les rappelle aujourd'hui de France, pour les rétablir dans le Nord. Déja plus d'un Alcuin attirés dans ſes Etats par ſa Royale magnificence, travaillent à executer de ſi grands deſſeins. Que n'ont point à eſperer d'un tel Monarque, des Peuples dont il a fait des l'enfance l'admiration & les délices ? Que n'a-t'il pas à efperer lui-même, réuniſſant en ſa perſonne tout ce qui peut contribuer à former un Prince accompli ? Egalement ad-mirable à la tête d'une Armée, d'un Conſeil, ou d'une Académie de Sça-vans ; bon, juſte, affable, pieux, ſage, moderé, bienfaiſant, génereux. Ce fut l'heureux concours de ces rares qualités qui engagea toutes les Na-tions à déferer L'EMPIRE D'OCCI-DENT au Heros qui fait le ſujet de l'Ouvrage que j'ai l'honneur de Vous dédier, SIRE. Puiſſent-elles encore aujourd'hui dans la SACRE'E PER-SONNE DE VOTRE MAJESTE',

couronner

couronner d'un semblable TITRE de semblables vertus ?

Je suis avec le plus profond respect,

SIRE,

DE VOTRE MAJESTÉ,

Le très-humble & très-obéïssant Serviteur DU FRESNE DE FRANCHEVILLE.

A Paris, ce 29 Novemb. 1740.

PREFACE.

L'OUVRAGE que l'on met au jour, est d'une nature à faire croire à ceux qui le liront, qu'Angilbert en le composant eut moins en vuë d'écrire une simple Histoire, que de présenter au Fils de Charlemagne d'utiles & d'agréables Leçons, & de faire pour ce Prince encore jeune ce qu'a fait de nos jours pour l'instruction d'un

autre * Louis le Débonnaire, l'illustre M. de Fenelon.

En effet, après le Télémaque,
il n'est pas possible d'imaginer une
suite d'évenemens plus propres à
l'instruction d'un jeune Prince.
Et tant s'en faut qu'on trouve dans
l'Histoire quelques traits de ces
premieres Expéditions qu'Angilbert met ici sur le compte de Charlemagne, qu'au contraire on trouve dans le récit d'Angilbert des
particularités qui ne s'accordent
point avec l'Histoire : tel est par

* Louis, Duc de Bourgogne, Dauphin de
France, mort le 18 Fevrier 1712, âgé de
trente ans.

exemple le nom de ce Roy d'Angleterre dans les Etats duquel Charlemagne fit rencontre d'Alcuin, qu'Angilbert nomme *Briteric* & l'Histoire *Offa*.

Charlemagne, à l'incitation d'Alcuin, voulant inspirer à ses Sujets l'amour des Lettres, institua une Académie dont il se déclara le Chef. Angilbert en étoit un des principaux ornemens. Le génie qu'il avoit pour la Poësie, paroit par le surnom d'*Homere* qu'il portoit dans cette Académie, & plus encore par cette production de sa plume, pleine d'images, de defcriptions & d'évenemens, fufceptibles de tous les agrémens du ftile poëtique & fleuri.

Le Titre d'Académicien étoit la moindre de fes qualités. Favori de Charlemagne & l'un de fes Secretaires d'Etat, il foutient merveilleufement ici ces deux caracteres, l'un par les louanges délicates qu'il difpenfe à fon Maître; l'autre par les inftructions politiques qui lui échappent de temps en temps.

Je ne prétens pas le juftifier dans les chofes où il ne le mérite abfolument pas : tel eft cet endroit de la premiere Partie , où traitant d'impofteurs les Aftrologues qui étoient à la Cour de Pepin, il ne laiffe pas de leur attribuer autant de crédit qu'ils en auroient pu avoir dans une Cour payenne. Mais cette faute, fi elle eft plûtôt de la part de l'Auteur que de fon Siecle, eft compenfée par tant d'autres endroits fi dignes d'être lus, qu'on ne doit la regarder que comme une de ces ombres qu'un Peintre habile fçait ménager à propos , pour faire fortir davantage les principales parties d'un Tableau. Quant à moi j'ai tâché de le rendre avec toute la fidélité possible : c'est à ceux qui en douteront, de prendre la peine d'en chercher l'Original, & de le conferer avec cette Traduction.

HISTOIRE

HISTOIRE

DES

PREMIERES EXPEDITIONS

DE

CHARLEMAGNE.

PREMIERE PARTIE.

MORDAC, Ufurpateur de la Couronne d'Ecoffe, étoit fur le point de porter la guerre en Suede à la tête de deux cens Vaiffeaux.

Erric étoit Roy de Suede, &

ce Prince connoiſſant la ſuperio-
rité des forces de ſon ennemi ,
avoit pris la réſolution d'implorer
le ſecours de Pepin , Roy de
France.

Ce qui eſt aujourd'hui connu
ſous le nom de *France*, étoit alors
ſous la Domination de pluſieurs
Souverains, qui, trop ſerrés dans
les bornes de leurs Domaines ,
cherchoient à les étendre , en ſe
déchirant ſans ceſſe par des guerres injuſtes , qu'une trop grande
proximité fomentoit entr'eux. Et
les Peuples d'autant plus à plaindre , que leurs richeſſes ne pouvoient échapper à l'avidité de l'Ennemi, que pour tomber dans les
mains de leurs propres Maîtres,
étoient forcés d'abandonner leur
patrie , leurs maiſons , leurs héri-
tages : pour éviter ce joug odieux ,

ils couroient en foule groffir les Etats du vertueux Pepin.

Seul entre ces Tyrans, ce Monarque, plus en Pere qu'en Roy, portoit la Couronne que les François lui avoient déferée après avoir honteufement dégradé Childeric, qu'une vie oifive & voluptueufe avoit rendu indigne du Trône. Sous un Roy aufli religieux que brave, tout fembloit reprendre une nouvelle forme. Les Peuples mécontens, retirés dans fes Etats paifibles, y trouvoient un afile inviolable : car les grands avantages qu'il avoit remportés fur fes voifins, toutes les fois qu'ils avoient ofé fe mefurer à lui, l'avoient rendu le plus puiffant Roy de l'Europe : Heureux de ne devoir fa grandeur qu'à lui-même ! Plus heureux de la devoir autant à sa vertu qu'à son courage !

Tel étoit l'Allié d'Erric. Averti de l'arrivée des Ambassadeurs de ce Prince, Pepin les fit venir. Il étoit assis sur un Trône élevé, & debout, à ses côtés, étoit Charles son fils. A la vuë de l'un & de l'autre, les Suedois s'étant humblement prosternés, Gustave leur Chef, mit entre les mains du Roy les Lettres d'Erric : & se tournant aussi-tôt vers le Prince Charles, il lui présenta une épée enrichie d'or. Ensuite il prit la parole en ces termes : Si c'est pour vous, ô Pepin, un grand sujet de gloire, de voir tous les jours des Etrangers implorer votre secours, c'en est encore un bien plus grand pour eux, de recevoir de vous tant de graces ; parceque toute la Terre qui en est témoin, les en croit dignes. Plût

à Dieu qu'ils le fuſſent, & que les
vœux qu'ils font pour un ſi grand
Roy, puſſent contribuer à ſa con-
ſervation! Mais, continua-t'il, en
s'adreſſant au Prince Charles,
l'homme n'eſt pas immortel : s'il
pouvoit l'être, qui le meriteroit
mieux que Pepin ? Ce vertueux
Monarque eſt depuis long-temps
notre Protecteur : nos Enfans eſ-
perent que formé ſur un ſi grand
Modéle, jeune Heros, un jour
vous deviendrez auſſi le leur. Puiſſe le Ciel ne pas démentir une ſi
haute eſperance, & rendre votre
Regne auſſi long & auſſi glorieux
que celui de votre auguſte Pere!

Charles étoit un jeune Prince
aimable par les graces naturelles
de ſa perſonne, doux, prévenant,
affable à tout le monde, d'un eſprit vif, pénétrant & juſte. Il tou-

choit à peine à sa seiziéme année,
mais dans un âge si tendre il n'a-
voit de goût que pour des exercices nobles & serieux. Il passoit
des journées entieres à se faire ins-
truire des moyens de garantir un
Royaume de l'irruption de ses voisins, de contenir ses Sujets dans
l'obéïssance, de leur assurer la paix,
& de les rendre heureux. Deux
ans s'étoient écoulés depuis qu'il
s'occupoit de cette Royale étude;
& quelque court que ce temps
paroisse, il y avoit fait de si grands
progrès, que Pepin songeoit déja,
disoit-on, à partager avec lui le
fardeau de la Royauté, ce Monarque étant bien aise de l'instal-
ler lui-même dans la paisible pos-
session du Trône. Mais que cette
résolution eût été prise ou non,
du moins on verra dans la suite

comment la guerre de Suede en fit differer l'execution.

Pendant le difcours de l'Ambaffadeur, le jeune Prince ayant jetté les yeux fur l'épée qui lui avoit été offerte, ne douta point que Erric ne lui eût fait ce préfent pour l'engager à venir lui-même au fecours de la Suede. Il fentit malgré lui, de ces mouvemens fecrets qu'infpire ordinairement un grand courage.

Pepin, de fon côté, lifoit attentivement les Lettres que Guftave lui avoit remifes. Erric l'inftruifoit en peu de mots du differend qu'il avoit avec Mordac. Il rapportoit les termes infultans avec lefquels cet Ufurpateur avoit fait demander la main d'Adelaïde fa fille. Il difoit avec quelle indignité fes Ambaffadeurs n'ayant pu obtenir cette

Princeffe, avoient entrepris de l'enlever par l'entremife & la trahifon
de Vafa, l'Intendant de fes jardins;
& comment elle avoit été délivrée
des mains de ces Raviffeurs. Il racontoit de quelle maniere il s'étoit
déterminé à pardonner enfuite à
cet infidéle Officier, à condition
qu'il iroit en Ecoffe, pour engager
Mordac à donner à la Suede quelque forte de fatisfaction. Enfin il
joignoit à tout cela la réponfe audacieufe qu'avoit rapportée Vafa; &
ajoutoit que pour garantir la Suede des mauvais deffeins de Mordac, il attendoit toute fa reffource
de la puiffance & de la génerofité
de Pepin, qu'il ofoit implorer
avec confiance.

Pepin fut pénétré de la plus vive
douleur à la lecture de ces Lettres.
Erric lui étoit allié par le fang;
mais

mais il l'aimoit moins comme son parent, qu'à cause de sa modération & de sa probité. Il déclara hautement aux Ambassadeurs qu'il ne l'abandonneroit point. Il promit de lui envoyer incessamment un secours de quinze mille hommes. Il congédia ensuite les Suedois comblés de caresses & de présens. Mais à peine ils s'étoient retirés, que Gustave leur Chef eut ordre de se rendre au Cabinet du Prince Charles.

Après la cérémonie, le Fils de Pepin, occupé du présent d'Erric autant que de ses malheurs, s'étoit écarté promptement du Roy son Pere. Son empressement à sçavoir tout ce qui s'étoit passé dans la Suede à cette occasion, fit bientôt connoître à Gustave que le jeune Prince avoit pris la résolution de marcher lui-même à la tête des François qui devoient aller au secours d'Erric.

Prince, lui dit l'Ambassadeur, vous êtiez au berceau, quand l'Ecosse vit tomber le Sceptre de ses Rois au pouvoir d'un Usurpateur. Mordac fit mourir Eugene & son Fils, ses Maîtres & ses Bienfaiteurs. Et depuis la consommation de ces deux Parricides il s'est tellement enorgueïlli de ses coupables prosperités, qu'envoyant l'année derniere des Ambassadeurs à Erric, il lui fit demander la Princesse Adelaïde, d'une maniere superbe & dédaigneuse. Voici ce que le grand & l'invincible Roy d'Ecosse, dit effrontément l'un d'eux, veut bien faire sçavoir au Prince des Suedois : Si j'eusse pris la peine de jetter les yeux ailleurs, j'aurois pû trouver pour le Prince mon Fils une Alliance plus confiderable que la vôtre : mais comme ma puiſſance eſt telle, qu'alliant mon ſang à quelque Etranger que ce ſoit, je ne puis qu'en être le Protecteur ; j'aime mieux que vous m'ayez cette obligation qu'un autre. Si donc je choiſis votre Fille, vous devez, Erric, vous eſtimer heûreux, de pouvoir, préferablement à tant de Rois, plus puiſſans que vous, obtenir à ce prix, ma ſublime protection.

Quelque inſolent que fût ce diſcours, Erric parut l'entendre avec moderation. Tout le monde le portoit à faire arrêter les Ambaſſadeurs. Mais lui, contre l'avis de tous, jugeant à propos de diſſimuler, il ſe contenta de répondre qu'une propoſition ſi ſérieuſe me-

B ij

ritoit bien que l'on y donnât toutes les réflexions néceſſaires. De
ſorte qu'après cet audacieux pro-
cedé, on vit encore les témeraires
ſe montrer impunément dans les
places publiques à la vuë d'une
populace facile à ſoulever, mais à
laquelle on impoſoit ſilence. Ils
étoient réſervés à d'autres crimes.

On jouiſſoit alors de l'agréable
ſaiſon, où la fraîcheur des nuits
dédommage du trop grand chaud
du jour. Souvent la Princeſſe ſe
plaiſoit à ſe promener dans un
Parc qui tient aux Jardins dont le
Palais eſt environné; & comme de
hautes murailles ceignent de toutes parts cet endroit ſolitaire, elle
y alloit, accompagnée ſeulement
d'un petit nombre de femmes, qui
par l'enjouëment de leur eſprit,
étoient propres à récréer le ſien.

C'eſt là qu'elles étoient un ſoir,
quand tout à coup elles enten-
dent la voix de pluſieurs perſonnes qui s'avancent à grands pas.
Elles veulent fuir : ſix hommes
en ce moment ſe ſaiſiſſent d'elles,
& les enlevent, ſans la moindre
reſiſtance. Radegonde ſeule, Gou-
vernante de la Princeſſe, s'échappe
de leurs mains : mais les cris de Sa
Maîtreſſe lui faiſant oublier le
danger, elle revient ſoudain ſur
ſes pas : Adelaïde n'y étoit plus.
Elle juge par l'endroit d'où les Raviſſeurs ſont venus, qu'ils ſont en-
trés par la porte qui eſt au bout
du Parc. Elle y vole, dans l'eſperance d'y trouver du ſecours. Elle
la voit ouverte ; & ſe flattant qu'ils
ſe ſont égarés, elle ſort avec pré-
cipitation, apperçoit quelqu'un,
court à lui ; & l'arrêtant bruſque-

ment : Qui que vous foyez , lui dit-elle : Si la Princeſſe Adelaïde vous eſt chere , oſez , ſecourable Mortel , l'arracher d'entre les mains d'une troupe de ſcélerats. Ils ſont encore là-dedans : voici la porte qu'ils ont forcée ; gardez-la ; vous ſerez bientôt ſecondé.

Vaſa , le lâche Vaſa étoit celui à qui Radegonde s'adreſſoit. L'obſcurité de la nuit l'empêcha d'abord de le reconnoître : mais cet Officier ne ſe trouvant là que parce qu'il avoit lui-même livré cette porte aux Raviſſeurs ; & jugeant par cette raiſon qu'il avoit un extrême interêt à ne laiſſer pas échapper cette femme fidelle , il la frappa d'un coup d'épée qui l'a fit tomber toute ſanglante. Aux cris qu'elle faiſoit , accourut Effin , jeune Etranger , introduit depuis quelques mois à la Cour. Sa préfence déconcerta Vafa, & le fit fuir. Il voulut le pourfuivre; Radegonde l'en détourna, l'avertiffant du peril où la Princeffe étoit.

Effin, tranfporté de fureur, l'épée au poing, s'élance, comme un foudre, à l'entrée du Parc. Il prête l'oreille; il entend un bruit fourd, il regarde, mais ne voit rien. Cependant le bruit augmente; infenfiblement il croit diftinguer une femme au milieu de deux hommes qui l'entraînent. Ferme dans fon pofte, le brave Effin les laiffe approcher. L'un des deux commençant à l'entrevoir: Eft-ce vous, Vafa? lui dit-il.

Non non, répond Effin, vous n'avez point affaire à un traître; défendez-vous, malheureux. A ces mots, il fond fur eux avec rapidité. Le Ciel guide fa main, le premier coup qu'il porte, eft un coup mortel. L'un des deux Raviffeurs expire à fes pieds. L'autre plus jeune & plus courageux, abandonne fa proie pour fe mettre en défenfe : mais ni fa valeur, ni les ténébres ne peuvent le garantir du trépas. Effin l'atteint, & lui fend le fein du tranchant de fon épée. Le refte de la Troupe étoit encore fi loin, qu'elle n'entendit rien de ce qui venoit d'arriver.

Cependant Radegonde, toute bleffée qu'elle étoit, ayant eu la force de fe traîner à la garde la plus proche, on vint peu de temps après fecourir Adelaïde; à la clarté des flambeaux, On reconnut les deux cadavres, pour être ceux d'Athanagilde & de Biarmar, deux

des

des principaux Ambaſſadeurs de Mordac. La Princeſſe avoit été leur proie ; elle étoit ſi troublée, qu'elle ne donnoit plus aucun ſigne de vie. Effin la remit entre les mains d'une Garde ſûre, qui la conduiſit au Palais. Puis ſe doutant bien qu'il y auroit encore d'autres Raviſſeurs à la ſuite des deux premiers, il exhorta le reſte du Détachement à les chercher ; ordonnant qu'on leur laiſſât la vie s'il étoit poſſible, afin qu'on ſçût d'eux ce qu'ils vouloient faire de la Princeſſe.

La porte fut conſignée à ſept des plus intrépides : les autres furent envoyés par pelotons battre les avenuës du Parc. Le jeune Etranger qui étoit à leur tête, ordonnoit tous ces mouvemens. Par ſes ſoins, quatre des Raviſſeurs

C

furent bientôt découverts : l'un
s'étoit poignardé lui même, & les
trois autres, dans la rage où ils
étoient, d'avoir manqué leur coup,
achevoient d'égorger les femmes
dont ils s'étoient saisis; déterminés
à consommer cette Tragédie par
leur propre mort, si on leur en
eût laissé le temps : mais les soldats s'étant précipités sur eux, &
après les avoir desarmés, les ayant
traînés à la porte, les confierent
à ceux qui y étoient postés. Effin
fit faire encore de nouvelles re-
cherches; & ne trouvant plus personne, il se contenta de mettre le
Détachement en sentinelle aux
quatre coins & dans le centre du
Parc ; afin qu'empêchant, pendant la nuit, l'évasion de ceux qu'-
on pourroit avoir manqués, on
fit encore en plein jour une plus

exacte perquisition.

Après cela, Effin fit conduire les criminels au Palais, & s'y rendit aussi lui-même. Erric averti de son arrivée vint à sa rencontre ; & l'embrassant avec tendresse : Cher ami, lui dit-il, dans le desordre où je suis, je n'ai point de paroles proportionnées au service que vous m'avez rendu : mais il ne tiendra pas à moi que votre élévation ne justifie ma reconnoissance. Jettez les yeux sur les Dignités les plus éminentes de mon Royaume : à ma Cour, dans mes Armées, choisissez. Je vous laisse le maître de la récompense qui vous est dûë. Votre merite sera toujours plus grand que votre fortune : mais par l'affection que j'aurai pour vous, je tâcherai de vous faire oublier cette inégalité.

C ij

Effin fenfible aux careffes du Roy , lui répondit tout ce que peut infpirer de plus vif à un jeune courage , la gloire d'un premier fuccès. Il lui apprit la trahifon de Vafa , & comment il l'avoit découverte : mais le Roy donna de fi bons ordres , que cet Officier fut arrêté fur l'heure.

Auffi-tôt Erric fit affembler fon Confeil. Effin y dépofa ce qu'il avoit fait, avec une modeftie qui charma tout le monde Le Roy fit un Difeours touchant , dans lequel ayant rapporté d'abord la maniere audacieufe dont les Gens de Mordac avoient , peu de jours auparavant, propofé l'Himen d'Adelaïde avec fon Fils ; il dit enfuite qu'il y avoit beaucoup d'apparence que Mordac lui-même eût quelque part à cet attentat. Puis

il s'étendit fur la fainteté du Droit
des Gens, dont fes Ambaffadeurs
avoient abufé avec tant d'indignité. Cependant, reprit-il, je ne
me réfoudrai jamais à les envoyer
au fupplice, fans la participation
de leur Maître, parcequ'ils font
revêtus d'un caractere réveré parmi les Nations les plus barbares.
Et l'exemple de perfidie qu'ils nous
ont donné, ne nous autorife point
à les imiter. Vous me direz, pour-
fuivit-il, que Mordac eft un Tyran, un Sujet revolté, un Ufurpateur, je le veux : mais le Trône
eft un afile facré; & quiconque y
eft une fois monté, même avec les
autres Rois, doit joüir des Privi-
leges des Rois.

Après cela, Erric ayant jugé
qu'avant que de prendre aucune
réfolution, il étoit néceffaire d'in-

terroger les trois Ravisseurs que
l'on avoit arrêtés, commanda qu'-
on les fît venir. Une foule de Suedois, que la curiosité avoit fait
accourir au Palais, suivoit ces malheureux, en les chargeant d'in-
jures. Le Roy les ayant fait approcher, leur demanda par quel
motif ils avoient entrepris d'enlever la Princesse, si c'étoit par zéle
pour leur Maître, & sans sa participation. Ils répondirent qu'ils en
avoient reçu l'ordre de Mordac
même ; que cet ordre avoit été
donné, au cas que l'on n'acceptât
pas sur le champ sa proposition ;
& que la crainte d'être punis à
leur retour en Ecosse, les avoit
portés à lui donner cette marque
de leur obéissance aveugle. O Mordac, ô cruel ! s'écria Erric ; que
vous avons-nous fait, pour nous

traiter ainſi ? Hé quoi ! Suedois,
il n'y a donc plus pour nous d'aſile
à l'avenir ? Les bienſéances, que
dis-je? les Droits les plus ſacrés ſont
violés par Mordac. Nos biens; notre honneur, l'honneur de nos
filles, rien n'eſt en ſûreté chez
nous. O deſtinée funeſte ! il nous
fera ſervir à ſes plaiſirs. Nous allons devenir ſes eſclaves. Et avec
quelle facilité viendra-t'il à bout
de ſes deſſeins ! Vous-mêmes, mes
Sujets, vous le ſeconderez. S'il
veut ma tête, vous la lui porterez :
Vaſa vous en a montré l'exemple;
vous n'avez qu'à le ſuivre; il s'eſt
déclaré chef d'une ſi glorieuſe entrepriſe.

A ce diſcours, il s'éleva du milieu des Suedois un murmure mêlé
de plaintes & d'indignation; langage ordinaire d'une multitude

emportée de zéle & de colere. Et l'on eût dit que toutes leurs voix ne fortoient que d'une feule bouche, tant ils s'accorderent à crier, qu'on leur livrât le traître & fes complices. Après quoi Erric ayant repris la parole, & queftionné de rechef les Ravifleurs ; l'un d'eux craignant la torture, pourfuivit de lui-même en cette forte l'aveu de leur confpiration, reprenant les chofes d'un peu plus haut.

Après, dit-il, que nous eûmes quitté l'Ecoffe, pour venir ici demander Adelaïde en termes que Mordac nous avoit prefcrits lui-même ; nous fîmes entre nous cette réflexion, que demandant cette Princeffe, d'une maniere qui ne manqueroit pas de déplaire à la Cour de Suede, on nous la refuferoit infailliblement ; qu'ainfi nous

nous devions songer de bonne heure à préparer les moyens de nous assûrer d'elle, en cherchant quelqu'un qui pût faciliter son enlévement. Dans cette pensée, nous partîmes, & étant enfin arrivés dans un des Ports de Suede, nous prenions par terre la route de la Capitale, lorsque nous trouvâmes, après quelques journées de marche, une Maison superbe dans la plus belle campagne du monde. Jugeant que le Maître de ces lieux étoit un Grand du Royaume, nous demandâmes à le voir. On nous conduisit à Vasa, qui nous reçut avec beaucoup de civilité. Il nous fit tant d'instances, pour nous engager à séjourner chez lui, que nous ne pûmes nous dispenser d'y rester deux jours, pendant lesquels il nous traita ma-

D

gnifiquement. Mais la joie des fes-
tins & les plaisirs, nous occupant
moins que le projet que nous a-
vions en tête, nous étions atten-
tifs à trouver le moment d'en jetter l'idée dans l'esprit d'un homme en place, tel que nous paroif-
foit Vafa. Pour y parvenir, il étoit
néceffaire de s'ouvrir à lui : mais
s'ouvrant à lui, il falloit être fûr
qu'il y mettroit la main, ou qu'il
n'en feroit jamais parlé. Deux de
nous, Athanagilde & Biarmar,
entamerent cette négociation dé-
licate par une confidence de la
propofition que nous étions chargés d'annoncer à fon Roy de la
part du nôtre. Je leur fervois de
truchement. Leurs paroles exci-
terent en lui certain mouvement
que nous prîmes pour de bons
préfages : une joie maligne parut

dans ſes yeux : il fit un ſouris amer :
un mot inconſideré acheva de nous
faire connoître qu'il avoit dans
l'ame quelque reſſentiment contre
ſon Roy. Nous lui exagerâmes
l'interêt ſenſible que nous prenions à ſes déplaiſirs. Il nous avoüa
ſans déguiſement que depuis près
d'un mois , Erric ſur la foi d'un
ſonge vain l'avoit en ces lieux re-
légué juſqu'à nouvel ordre. Il nous
ajouta qu'il avoit à la Cour de
puiſſans amis , & qu'il eſperoit que
leurs ſoins lui procureroient dans
peu ſon rappel. Une pareille diſ-
grace , reprit Athanagilde , eſt un
grand ſujet de mortification pour
un homme de cœur. J'en meurs
de dépit , repliqua Vaſa ; & ſi ma
fortune , qui dépend des bienfaits
du Roy , ne m'attachoit à ſa Cour,
je paſſerois bien vîte ailleurs. L'E-
D ij

coſſe, repartit Athanagilde, rece-
vroit avec joie une perſonne de
votre merite : Mordac vous donneroit tant de biens que vous n'auriez pas lieu de regretter votre
patrie. A cette offre, Vaſa s'enquit
avec empreſſement, par quel endroit il pourroit s'en faire connoître. Expliquez-vous, nous dit-il :
je vous jure un éternel ſilence. Et
nous, répondit Athanagilde, nous
atteſtons les Mânes de vos Ayeux
& des nôtres, que ſi vous voulez
vous aſſocier au deſſein que nous
avons d'enlever la fille d'Erric,
nous vous procurerons en Ecoſſe
une retraite aſſurée, & autant de
richeſſes que vous en pourrez ſou-
haitter; car nous ſommes perſua-
dés, lui ajoutoit-il, que la demande
que nous avons ordre d'intimer à
Erric, ſera rejettée, & qu'imman-

quablement nous ferons obligés
d'en venir à la voie du rapt. Sur
cela Vafa nous dit, qu'ayant l'In-
tendance & les clefs des Jardins de
la Princeffe ; s'il étoit rappellé,
l'execution de ce complot lui feroit
aifée, parcequ'elle avoit coutume
dans cette faifon, de s'y promener
tous les foirs en petite compagnie,
& d'y paffer fouvent une partie de
la nuit : qu'au refte il alloit exhor-
ter tous fes amis à redoubler auprès du Roy leurs follicitations,
& qu'en attendant nous nous don-
naffions bien de garde de rien entreprendre, ou de confier notre
deffein à d'autres. Ce deffein concerté de la forte avec Vafa, nous
nous quittions dans l'efperance de
nous revoir à la Cour, quand tout
à coup, il en reçut des Lettres,
qui lui donnoient avis qu'Erric

s'étant laiffé fléchir, avoit révoqué fon exil, & lui pardonnoit entierement; que dans les difpofitions où l'on étoit à fon égard, il ne devoit pas differer fon retour; & que c'étoit là le confeil que tous fes amis lui donnoient. Vafa nous montra ces Lettres; & de fi favorables commencemens nous faifant efperer un fuccès infaillible, nous lui comptâmes d'avance une groffe fomme d'argent. Puis il fe difpofa, ainfi que nous, à prendre la route d'Upfal, où nous arrivâmes fix jours après, par des chemins differens, nous étant féparés dès la premiere journée. Que vous dirai-je enfin, Erric? Hier fur le foir, Vafa vint nous trouver. C'eft cette nuit, nous dit-il, c'eft dans deux heures que je compte vous rendre poffeffeurs de la Princeffe. Je viens

de la voir entrer dans le Parc qui
est au bas des Jardins. Toute sa
suite consiste en huit ou neuf femmes, dont il vous sera facile de
vous saisir, & pour plus grande
sûreté, enlevez les toutes. Voici la
clef d'une petite porte que vous
trouverez au bout du Parc du côté
de la mer : c'est un endroit écarté
que peu de monde fréquente. Je
n'en serai pas loin. Un Vaisseau
nous attend au rivage : je vous y
conduirai : faites le reste. Ainsi
nous parla Vasa : quelques heures
après, nous nous rendîmes au lieu
qu'il nous avoit indiqué. Nous en-
levâmes la Princesse & les femmes
qui l'accompagnoient : mais en
un instant nous fumes découverts
& surpris, je ne sçais comment.

L'Ambassadeur d'Ecosse, continua Gustave, ayant déduit en ces

termes, l'ordre & les circonstances de l'enlévement d'Adelaïde, Erric fit sortir tout le monde, à l'exception des Gens de son Conseil. Je me trouve dans un étrange embarras, dit-il ensuite. A la verité, les Ministres de Mordac sont coupables ; mais Mordac est encore plus coupable qu'eux. Des Sujets sont malheureux, qui, pour se maintenir dans les bonnes graces de leur Maître, sont forcés de s'associer à ses crimes. Maintenant, le croiriez-vous ? je suis d'avis de renvoyer ces trois Etrangers, sans leur faire aucun mal. Après une si grande génerosité, Mordac n'aura pas lieu de se plaindre : & les reproches qu'il aura éternellement à se faire, le couvriront de honte, & le puniront assez.

Cette résolution révolta l'Assemblée.

blée. Elle prit la liberté de représenter au Roy, que le parti qu’il
se proposoit de prendre, étoit assurément digne d’une ame comme
la sienne, qui sur toutes les vertus,
cherissoit la clémence & la bonté :
mais qu’il ne falloit pas croire que
ces affections si louables, fussent
toujours préferables à de justes res-
sentimens : qu’un Roy jaloux des
Droits de sa Couronne, les réve-
roit en toute occasion ; & que si
quelquefois il jugeoit à propos de
se relâcher sur ses interêts particuliers, il sçavoit distinguer les interêts de l’Etat, & ne les confondre
pas avec les siens. Que diroit toute
la terre, ajoutoit-on, quand on
sçauroit qu’offensés dans la Fille
de nos Rois, nous n’aurions point
poursuivi l’offenseur ? De quelle
maniere interpréteroit-on cette in-

dulgence ? A quel mépris ne fe-
rions-nous pas expofés?

Erric fe rendit aux remontran-
ces de l'Affemblée. Sur le champ
il envoya chercher Vafa, avec ordre de le conduire par une autre
porte, afin qu'il fût à l'abri des
infultes de la populace. On le fit
donc paroître. Le trouble, le def-
efpoir étoit peint dans fes yeux.
Ses cheveux dreffés fur fa tête,
s'agitoient d'eux-mêmes. A fon
afpect, tout le monde frémit. Pour
lui, preffé de remords, tremblant,
défait, ne pouvant foutenir les regards de fon Roy, il tomba le vifage contre terre.

Leve-toi, lui cria Erric, & dis-
nous, infenfé, quelle manie t'eft
entrée dans l'ame, qu'oubliant ce
que tu dois à ma Fille, & ce que
j'ai fait pour te tirer de la pouffiere

où le Ciel t'avoit fait naître, tu
te sois exposé de gaïeté de cœur
à te perdre, à nous trahir, à servir contre nous un infâme, un
scélerat, un Tyran ? Il est vrai
qu'une somme d'argent en a été
le prix , & que la consommation
de ce Parricide t'alloit procurer de
plus grands biens encore. O qu'-
une action si glorieuse t'eût fait
estimer de Mordac ! Que l'Ecosse
te promettoit d'honneurs ! Ne te
sembloit-il pas , Sujet ingrat, que
le joug odieux d'un Usurpateur,
dût être plus leger à porter , que
celui de ton Roy légitime ? Dis-
nous, traître , dis-nous la verité :
tu couvois depuis long-temps cet
esprit de desordre, de révolte, de
perfidie ? Que sçais-je même, si
tu n'en voulus pas à ma Couronne
& à ma vie ? Tu auras été sur le

point de commettre ce crime ; &
ma bonne fortune veillant à ma
garde, aura rompu tes mesures.
Faut-il d'autre preuve de tes mauvais desseins, que la cause de ton
exil, dont la mémoire est encore
toute récente? La nuit d'auparavant, je m'étois, en sursaut, ré-
veillé, t'ayant vu, dans un songe
affreux, revêtu d'une robbe, telle
qu'en portent les Ambassadeurs de
Mordac, nous dépoüillant de nos
habits, Adelaïde & moi, & m'ar-
rachant mon Diadême, pour le
mettre sur la tête d'un de mes Sujets. Je te racontai ce songe : car
encore que de mon naturel, je ne
sois pas enclin à tirer des consé-
quences de ces sortes de visions ;
néanmoins je sentis cette fois, je
ne sçais quel désir qui me sollicitoit à t'interroger. Tu n'osas m'en

dire ta penſée : mais quelques heures après , ſoupant avec Stenon ,
l'un de ceux qui m'écoutent ici ,
tu fus aſſez imprudent pour lui dire
que ſi tu devenois l'Arbitre de ma
Couronne , tu ſçaurois la garder
pour toi, ſans la céder à d'autres,
ni la rendre à ceux qui n'auroient
pas ſçu la conſerver pour eux.
Stenon t'ayant quitté , me vint
rapporter ces paroles , & tout ce
qu'il avoit fait pour t'impoſer ſilence. Je réſolus ta perte : il voulut t'en garantir , en donnant à ta
faute de favorables couleurs. Il
m'aſſura que ton diſcours étoit le
langage d'un homme yvre, dont
il ne falloit pas apprécier les termes. Je l'en crus : c'eſt pourquoi
je me contentai de te bannir de
ma préſence, pour quelque temps.
Tu pars : tes deſſeins ambitieux,

tes imaginations vont s'exiler avec
toi. Cependant les Emiſſaires d'un
Uſurpateur mettent le pied dans
mes Etats. Il leur manque un traître qui les guide dans le projet
qu'ils ont médité. L'étoile maligne
qui fait les ſocietés de crimes, les
conduit dans le lieu de ton ban-
niſſement. Vous y complotez en-
ſemble un attentat ignoré juſqu'ici
des Suedois. Et plaiſe au Ciel, Protecteur de cette Couronne, que
ce ſoit là l'accompliſſement du ſonge dont tu t'es prévalu ! Mais, ô
malheureux ! convaincu d'une tra-
hiſon ſi noire, qu'attends-tu de ton
Roy ? Tu ne comptes plus qu'il
reſte dans ſon cœur le moindre
ſentiment de pitié ? Toutefois....
J'en ai trop dit : parle, inſenſé,
nous aurons encore l'indulgence
de t'entendre & de t'aider.

C'eſt ainſi que parla Erric ; &
bien que ſes dernieres paroles laiſ-
ſaſſent entrevoir à Vaſa quelque
lueur de grace & de pardon ; néanmoins ce coupable, dans le trouble
où il étoit, ayant eſſayé, à diver-
ſes repriſes, d'ouvrir la bouche
pour ſa défenſe, ne put jamais
renouer les miſerables débris de ſa
harangue : & comme il bégayoit
encore, & que ceux qui étoient
derriere lui, touchés de le voir en
cet état, l'excitoient tout bas à rappeller ſes eſprits ; le Roy s'adreſſant à lui, pour la ſeconde fois :
Va, dit-il, épargne-nous la honte
d'entendre tes excuſes frivoles ou
tes impoſtures. Tu n'as qu'un mot
à me dire ; ta grace eſt dans tes
mains, la veux-tu meriter?

Ah! Seigneur, reprit auſſi-tôt
Vaſa, faut-il, pour expier mon

crime, vous vanger du Tyran que j'ai servi ? Ordonnez : J'irai le poignarder dans son Palais, je vous apporterai sa tête.

Arrête, témeraire, interrompit Erric : Jusqu'à quand méditeras-tu de sanguinaires projets ? Va en Ecosse ; j'y consens : va trouver Mordac, & lui conter le mauvais succès de ses desseins. Tu lui diras, de ma part, que je suis prêt à lui renvoyer ses trois Ambassadeurs que je tiens, lorsqu'il m'aura donné la satisfaction que j'attends de lui ; qu'il m'aura fait connoître, qu'il n'a point de part à leur attentat ; & qu'il m'aura promis solemnellement de les juger lui même selon la severité de nos Loix. Mais, garde-toi bien d'attenter à sa vie, la tienne m'en répondra.

A

A l'inftant, pourfuivit Guftave au Prince Charles , Vafa , ayant été mis en liberté , par ordre du Roi , s'échappa fecretement du Palais , & partit pour l'Ecoffe. A l'égard des gens de Mordac , ils furent enfermés, en attendant fa réponfe. Telle fut la fin de cette nuit tragique , dont le fouvenir à jamais fera confervé dans nos Annales.

Il eft d'ufage , & c'eft une ancienne coutume en Suede , quand il arrive quelque avanture mémorable , qui regarde l'Etat ou la perfonne du Prince , d'élever dans la place publique, un Obelifque, fur lequel l'avanture eft décrite. Par là , l'on grave & l'on perpétuë , dans le cœur des Peuples , les fentimens qu'ils doivent à ceux dont les actions y font exprimées.

F

De là l'éternel amour que nos enfans auront pour vous & pour le Roy votre Pere ; en même tems que nous leur transmettrons une implacable haine contre Mordac.

La Cour Suedoise étoit alors à Upsal. On travailla donc au plûtôt, à y poser un semblable monument, pour servir d'époque à l'attentat des Ambassadeurs d'Ecosse. On y écrivit en gros caracteres, leur crime; les noms d'Adelaïde, d'Effin & de Mordac. Cet ouvrage achevé, on dressa des Autels tout autour, pour remercier Dieu de la protection qu'il avoit donnée à la Maison Royale. Mais ce fut alors qu'on vit coup sur coup une infinité de prodiges qui nous annoncerent les calamités d'une guerre prochaine. Le premier jour, une pluie de sang tomba du Ciel. Une autre fois, des vents impétueux renverſerent nos Palais & nos Autels. Tantôt il ſortoit de la terre d'affreux gémiſſemens ; & tantôt des oiſeaux, traverſant le lieu où l'Obeliſque étoit poſé, tomboient morts ſur la place.

Peu de temps après, Erric fut averti que Vaſa étoit de retour d'Ecoſſe. Impatient de la réponſe de Mordac, il le fit venir. Hé bien, lui dit-il, quelle nouvelle nous apportez-vous? Mordac nous abandonne-t'il les Raviſſeurs? La Lettre dont je ſuis porteur, repliqua Vaſa, vous apprendra tout. Erric la prit donc, & lut ces paroles.

LE ROY D'ECOSSE A ERRIC.

La demande que vous me faites, ne vous convient point de vous à moi. Si mes Ambaſſadeurs avoient failli , c'étoit à moi d'en juger. C'eſt pourquoi , ſçachez que je pars , pour aller vous demander raiſon de cette entrepriſe , à la tête des mêmes troupes qui m'ont aſſuré la conquête de l'Ecoſſe.

Erric , ſenſiblement offenſé du procédé de Mordac , fit retirer Vaſa ; & à l'inſtant manda ſes Miniſtres & les Grands de la Nation. Je vous aſſemble , leur dit-il, pour vous communiquer la réponſe de l'Uſurpateur. Nous nous étions flattés d'obtenir de lui quelque ſorte de ſatisfaction : nous nous ſommes trompés. Il nous déclare la guerre ; il va fondre dans mes Etats. Je les verrai en proie au fer & au feu ; je verrai tous mes Peuples ruinés. Hélas ! en cette extrémité ; à quoi me reſoudre? Parlez,

mon Conseil : que faut-il que je
fasse?

La guerre, la guerre, répar-
tirent les assistans, tous d'une
voix. Si nos forces sont inferieu-
res à celles de nos ennemis ; toute
la terre connoissant la justice de
nos armes, se joindra genereuse-
ment à nous.

Et qui ? reprit aussi-tôt Erric.
Sera-ce le Roy d'Angleterre qui
ne veut de guerre avec personne?
Sera-ce le jeune Gormond Roy de
Danemarc, qui n'est qu'un enfant encore mal affermi dans le
Trône de son Pere? Nous n'avons
point de commerce avec la Ger-
manie. Les Bataves ne font la
guerre qu'aux ennemis de leurs
troupeaux. Aussi-peu devons nous
recourir aux Polonois ou aux Sa-
xons, puisqu'ils sont eux-mêmes

en guerre l'un contre l'autre. Il n'y a donc plus de reſſource pour nous que du côté des François ; mais oſerons - nous importuner Pepin, après l'avoir déja fait tant de fois ; & ne craindrons nous point de rebuter ce Monarque ?

Que mon Maître , en parlant ainſi du Roy votre Pere, continua Guſtave au Prince Charles, connoiſſoit peu ſon généreux deſinte-reſſement ! L'Aſſemblée pourtant arrêtée de même par cet obſtacle qu'elle crut invincible, ne ſçavoit que dire. On délibera long-temps, pour chercher une autre reſſource : la découverte en étoit difficile, mille raiſonnemens divers , mille projets oppoſés l'un à l'autre, ſe formoient & ſe détruiſoient auſſi-tôt : on vouloit ; on ne vouloit plus : le temps ſe paſſoit à propo-

fer, & l'on ne décidoit rien. Enfin
Erric, impatient d'une si longue
perplexité, arrache de son front le
Bandeau Royal, met un genou
en terre, leve les mains au Ciel,
& fait cette courte priere : Maître
des Rois, fais-nous connoître ta
volonté. Puis tournant la tête aussi-
tôt, & appellant Adolphe, l'un des
assistans : Allez, lui dit-il : faites-
moi venir Gustave.

J'étois, en ce moment, auprès
d'Adelaïde, qui ne manqua pas
de demander ce qu'Erric avoit à
me dire : Princesse, lui répondit
Adolphe, nous ignorons encore
ses intentions ; mais c'est pour
quelque grand dessein qu'il mé-
dite contre Mordac.

Etant donc sorti avec Adolphe,
je fus par lui présenté au Roy, qui
me fit l'honneur de me dire qu'il

m'envoyoit à la Cour de Pepin, pour implorer son secours, & qu'on alloit me remettre sur le champ toutes les instructions nécessaires. Il me recommanda aussi, Prince, de vous assurer en particulier, de la haute estime qu'il a pour vous, moins parceque Pepin est son Protecteur, qu'à cause que vous ressemblez en tout à ce vertueux Pere, le meilleur de tous les Rois.

Ainsi congédié d'Erric, je retournai chez la Princesse : elle venoit d'apprendre la résolution que son Pere avoit prise. Rendons graces à Dieu, me dit-elle : c'est de lui que nous vient l'idée de cette ressource salutaire : il ne nous a donc point encore abandonnés. Vous allez, Gustave, dans une Cour bien differente de la nôtre. Vous y verrez un Roy puissant,

génereux,

génereux, fenfible aux infortunes
de ceux qui l'implorent. Vous verrez le Prince Charles fon fils, dont
la valeur vient de repouffer l'or-
guëilleufe Nation des Sarrazins.
Ah! jeune Guerrier, pourfuivit-
elle, que n'êtes-vous inftruit de
nos alarmes? Ou plûtôt, que la
Suede n'a-t'elle des lauriers dignes
de vous? N'importe: allez, Guftave, apprenez-lui nos malheurs;
& ne differez pas un voyage, qui
peut procurer encore à votre patrie
la confervation de fon Roy.

Voilà, Seigneur, acheva Guftave, ce que me dit la Princeffe:
je pris congé d'elle enfuite; &
ayant rejoint mes compagnons,
nous nous embarquâmes.

L'Ambaffadeur Suedois ayant
fini ce récit, le Prince Charles,
qui n'avoit ceffé d'avoir les yeux

fur lui pendant qu'il parloit, fut quelque temps fans lui répondre. Mais après cela le fouvenir des trahifons de Mordac revenant à fa penfée, il entre tout-à-coup dans une efpèce de fureur, & s'écrie : Oui, Guftave, vous le verrez expirer fous mes coups. Je vole à votre fecours. C'en eft fait, le barbare perira, ou le Ciel m'empêchera d'aborder en Suede.

La nuit étoit déja très avancée; mais le Prince ayant renvoyé l'Ambaffadeur, la paffa toute entiere dans une agitation qui ne lui permit pas de fermer la paupiere. Son imagination frappée du récit qu'il venoit d'entendre, enfantoit des illufions auffi vaines que les fonges d'un homme qui dort. Tantôt il voyoit Erric & Adelaïde; il leur parloit : tantôt il jettoit à leurs

pieds la tête sanglante du cruel
Mordac.

Telle fut sa situation, tant qu'il
put s'y livrer en liberté. Mais le
soleil déja haut sur l'horison, rappellant au Palais les flateurs & les
importuns, sa porte en fut bientôt
investie. Quelques heures après,
il alla lui-même faire sa cour au
Roy, & lui demander la permission d'aller en Suede. Allez-y, mon
Fils, lui dit Pepin : j'y consens. Je
ne vous dirai pas que vous m'êtes
cher; ce vous seroit une occasion de
ménager une vie que le Ciel proté-
gera, si vous ne l'exposez que pour
la vengeance des malheureux. Je
ne vous dis ceci qu'en soupirant :
mais, Prince, détournez les yeux ;
je vous parle en Roy, je pense en
Pere : & c'est à vous d'ignorer le
combat qui se livre dans mon cœur.

G ij

Au moment que Pepin achevoit ces paroles, Guſtave & les autres Ambaſſadeurs Suedois ſe préſentant de rechef à lüi, ſe jetterent à ſes pieds ; mais dans un état bien different de celui où ils avoient parus la veille. Accablés de douleur, ils s'arrachoient les cheveux, déchiroient leurs vêtemens, faiſoient des cris & des gémiſſemens capables de tirer des larmes aux plus inſenſibles. Le Roy, qui ſongeoit à les mander, pour leur faire part du deſſein qu'il avoit pris d'envoyer ſon fils en Suede, & qui déja leur avoit promis un ſecours de Troupes, dont ils lui avoient paru contens; ſurpris d'un ſi ſoudain changement, leur en demanda le ſujet.

O jour affreux ! s'écrient-ils. O ſouvenir tragique ; O mémorable exemple des outrages de la fortune! Le cruel Mordac a mis le comble à ses forfaits! Erric & sa Fille sont au tombeau!

A ces mots, un morne silence regna dans toute l'Assemblée. Pepin & son Fils se couvrirent le visage de leur robbe, & pleurerent assez long-temps. Le Roy demanda ensuite aux Suedois, comment ils avoient appris ces tristes nouvelles.

O génereux Pepin, reprit un de ces Etrangers, la Suede d'où je viens, m'a député tout exprès pour vous en informer. C'est de vous seul qu'elle attend toute sa sûreté : servez lui de Pere. Vous avez vu, Grand Roy, le nom & la perfidie détestable de Vasa, dans les Lettres d'Erric. Son crime digne de mort, lui avoit été remis, à condition qu'il iroit lui-même trouver Mordac : ce qu'il a fait. De retour d'Ecoſſe, le traître fit tant auprès du Roy, par ſermens & par intrigues, qu'après avoir obtenu grace entiere, il fut reſtitué dans toute ſa fortune, qu'Erric augmenta même, perſuadé qu'un tel excès de bonté & de faveur, obligeroit ce miſerable à prendre de meilleurs ſentimens & à rentrer dans ſon devoir. En vain lui diſions-nous de ſonger que le crime s'accroît par l'impunité ; qu'il devoit tout craindre d'un perfide, & le bannir promptement de Suede : trop heureux, après ce qu'il avoit fait, qu'on lui laiſſât la vie. Le conſeil étoit ſalutaire ; mais Erric le rejetta conſtamment. Certes, la deſtinée de ce malheureux Prince l'aveugloit. Il n'eſt que trop vrai, que les choses du monde subissent dans leur cours les Loix immuables du Sort. Lui & Adelaïde, avoient coutume de prendre souvent le plaisir de la chasse dans une forêt voisine d'Upsal. Le jour d'un de ces divertissemens, y étant à l'ordinaire, accompagnés d'une foible Garde, tout-à-coup un homme d'Upsal vint nous rapporter, que des inconnus attroupés, ayant à leur tête Vasa, les avoient arrêtés; & que comme ils étoient aux mains, lui par hasard ayant passé près d'eux, avoit reconnu parfaitement Erric & sa fille, & tout effrayé avoit pris la fuite; mais que Vasa l'ayant apperçu, s'étoit à l'instant détaché des autres, & l'avoit poursuivi si loin, que pour peu de diligence que nous fissions, nous l'atteindrions avant qu'il les

eût rejoints , & arriverions peut-
être encore affez tôt pour fecourir
le Roy & la Princeffe. A ces fâ-
cheufes nouvelles , nous nous af-
femblons à la hâte , nous courons
en foule vers la forêt ; & fur le
point d'y entrer , nous découvrons
Vafa , qui s'étoit arrêté pour reprendre haleine. Nous fondons
fur lui , comme un Milan fur un
foible oifeau ; le forçant de nous
conduire , fans lui donner le temps
de fe reconnoître , à l'endroit où
il avoit laiffé Erric & Adelaïde.
Quel fpectacle y frappe nos yeux !
nous trouvons leurs habits enfan-
glantés fur la terre. Leurs corps
déchirés ne font plus qu'un mon-
ceau informe de chairs & d'os traînés dans la fange. Je ne fçais ce
qui nous empêche de maffacrer à
l'heure même Vafa. Parle , exe-
crable,

crable, lui crions-nous, avouë-
nous tout, & t'apprête à mourir.
Il se mit à nos genoux. Hélas ! dit-
il, dans le voyage que j'ai fait en
Ecosse, je suis convenu avec Mordac, de lui livrer Erric & sa fille ;
mais je nie d'avoir donné ma parole pour leur ôter la vie. J'en jure
par tout ce qu'il y a de plus sacré :
j'ignore absolument ce qui a mû
mes complices à passer l'ordre que
je leur avois donné. Vous les trouverez peut-être encore dans la forêt sur votre droite. Là-dessus,
nous partageons notre troupe en
deux : l'une se charge de recuëillir
ces membres dispersés, & d'escor-
ter Vasa jusqu'à la ville. L'autre
va, le plus promptement qu'elle
peut, à la découverte des meur-
triers : mais soit qu'elle s'égare
dans la forêt, ou qu'elle prenne

H

une plus longue route qu'eux, en
arrivant au lieu que Vasa avoit
désigné, elle apperçoit de loin en
Mer un Vaisseau qui vogue à pleines voiles. Elle ne doute point que
ce ne soit le leur, & que la crainte
d'être surpris, ne les ait empêchés
d'attendre Vasa. Pour ce traître,
ayant été traîné à Upsal, & appli-
qué à la torture, il fut mis en
pieçes.

Foible châtiment! s'écria le Prince Charles tout boüillant de colere : C'est Mordac qu'il faut : c'est
tout son sang qui doit couler,
pour expier cet infâme assassinat.
Oui, je le verserai, barbare; je te
chercherai, je parviendrai jusqu'à
toi, je déchirerai tes membres,
je me soulerai de carnage & de vengeance. Ciel, poursuivit-il, vous
l'avez permis! vos foudres ne sont

faites que pour gronder inutilement fur la tête des coupables
Mortels !

Pepin ne put entendre ces dernieres paroles, fans en être bleffé.
O mon Fils, lui dit-il, vous écoutez les mouvemens d'une fureur
aveugle ; elle vous dicte un difcours impie : moderez des tranf-
ports fi déreglés ; ou craignez que
Dieu qu'ils offenfent, ne confon-
de vos deffeins , quelque loüa-
bles, quelque légitimes qu'ils puiffent être. Un reproche fi fevere
frappa fenfiblement le jeune Prince. Il le reçut avec docilité : fa douleur fut toujours auffi vive, mais
plus raifonnable.

Cependant , les Ambaffadeurs
Suedois , qui , par refpect , s'é-
toient écartés du Roy , après lui
avoir fait le douloureux récit que

l'on a rapporté, attendoient dans un profond silence qu'il leur expliquât ses intentions, qui devoient décider du sort de leur patrie. Il les fit rapprocher, pour leur dire que personne ne pouvoit être plus touché qu'il l'étoit, de la double perte qu'ils avoient faite : qu'il y avoit beaucoup d'apparence que Mordac n'avoit fait tout cela, que pour pouvoir envahir la Couronne de Suede, & l'unir à celle d'Ecosse : mais qu'assurément le Ciel étoit trop juste, pour laisser tant de crimes impunis. Qu'à son égard, il alloit s'acquitter envers eux des devoirs d'un fidéle Allié, en leur envoyant incessamment son propre fils, à la tête de vingt mille hommes de ses meilleures Troupes, au lieu de quinze mille qu'il leur avoit promis la veille.

Qu'au reste, dans les circonstances
où ils se trouvoient, un de leurs
premiers soins devoit être d'élire
un Roy, parce que l'autorité d'un
Maître absolu les réunissant tous,
banniroit les discordes inséparables d'un Etat sans chef; & qu'enfin, s'ils avoient quelqu'autre chose à lui demander, ils pouvoient le
déclarer hardiment.

Ces marques signalées de la protection de Pepin, firent plaisir aux
Suedois, autant qu'elles leur pouvoient être sensibles dans une af-
fliction si récente. Ils unirent tous
ensemble leurs voix, pour lui rendre, au nom de leur patrie, les
plus humbles actions de graces.
Ils le conjurerent ensuite de les
renvoyer au-plûtôt en Suede, pour
y porter ces heureuses nouvelles:
ce qu'ils obtinrent dès l'heure mê-

me. Ils prirent aussi congé du Prince Charles ; & en s'en retournant, ils virent avec satisfaction toute la France occupée aux préparatifs que le Roy avoit ordonnés en leur faveur.

C'étoit une ancienne coutume des François, de ne rien entreprendre de considerable, qu'après avoir consulté des Astrologues qui n'étoient alors que trop communs à la Cour des Rois. Ces Astrologues étoient des Philosophes qui faisoient profession d'interpréter les songes, d'expliquer les prodiges, de dévoiler les plus obscures ténebres de l'avenir. Toute leur science n'étoit qu'imposture ; mais par leur attention continuelle à étudier les goûts & les interêts des Cours où on les souffroit, il arrivoit souvent qu'ils rendoient des réponses assez juftes aux queftions qui leur étoient faites ; & l'on y donnoit autant de créance qu'aux Oracles les plus certains. On voulut les confulter fur le voyage du Prince : on en fit donc venir , pour apprendre d'eux quel en feroit le fuccès.

La chambre deftinée à cette importante cérémonie , étoit celle-là même , où deux des plus fameux Aftrologues de leur fiecle avoient long - temps auparavant prédit à l'un des Ancêtres de Pepin , que le Sceptre des François entreroit un jour dans fa Maifon : mais que la Race Augufte qui fortiroit de lui , feroit place à une troifiéme encore plus puiffante , dont la Pofterité donneroit des Rois à toute la Terre : Qu'on verroit l'un de ces Monarques, moins bruyant qu'un paisible ruisseau, qui d'un cours égal, roule sur un sable uni ses ondes pures, succeder à un autre, plus rapide dans ses victoires, que n'est dans sa course, un torrent qui tombe d'un mont escarpé.

Les Astrologues que l'on avoit mandés, étant venus : sur les questions que leur fit la Cour, ils confererent quelque temps entr'eux. Voici la réponse qu'ils firent : Le Prince Charles a le Ciel pour lui ; mais tant s'en faut qu'il ait la satisfaction d'ôter la vie à Mordac, qu'au contraire lui-même sera plus d'une fois en danger de la perdre.

De tous ceux qui composoient cette grande Assemblée, le Prince fut le seul, que cette menace n'ébranla point. Mais, malgré son intrépidité, & tout ce qu'il put

dire,

dire, pour tourner l'Oracle à son avantage, le Roy son Pere, gardant un profond silence, étoit dans une extrême irresolution. D'un côté, la crainte de perdre un fils si cher; & de l'autre, la promesse solemnelle qu'il avoit faite aux Suedois, l'arrêtoient & l'entraînoient tour à tour. Il fut longtemps incertain du parti qu'il prendroit. Mais enfin, dans cette perplexité, ayant fait approcher Nevelon, personnage aux conseils duquel il déferoit beaucoup : Nevelon n'hésita point à le détourner d'envoyer le Prince en Suede, lui disant qu'il seroit à jamais blâmé, d'avoir précipité dans un peril évident, l'Aîné de ses deux Fils, le précieux Heritier de sa Couronne, la plus chere esperance des François, & cela pour une cause qui leur étoit étrangere.

Qu'appellez - vous étrangere ? reprit Charles : Ignorez - vous que la cause des Suedois nous soit commune ? Si tous les hommes de bien sont offensés dans la personne d'Erric , par la raison qu'il étoit lui - même un homme juste ; les Rois y ont un égal interêt , puisqu'en même temps il étoit aussi Roy. Je dis plus : S'il est d'une indispensable obligation qu'un Roy prenne le parti de ses Alliés , nous ne devons rien négliger pour vanger la mort de ceux-ci. Nous leur sommes doublement Alliés : vous n'en pouvez disconvenir. Alliés politiquement par des Traités solemnels, conclus de tems immémorial entre les François & les Suedois : Alliés en second lieu par le sang : Doda , Princesse de

Suede , ayant été la propre Mere d'Ansegise mon Trisayeul. A ces raisons, Charles en ajouta encore beaucoup d'autres , mais qui firent toutefois bien moins d'impression sur l'esprit de Pepin, que le conseil de Nevelon. Le jeune Prince s'en prit à ce Ministre ; & après lui avoir parlé , contre son ordinaire , avec vivacité, il sortit brusquement de l'Assemblée , ce qui irrita le Roy ; de sorte que non content de lui avoir défendu de songer davantage au voyage de Suede, il le priva même de sa présence pour quelque temps.

Cependant la réunion des Troupes choisies qui devoient aller en Suede, se faisoit avec toute la diligence possible. Cent Vaisseaux, les plus grands que l'Ocean eût portés jusqu'alors, se rassembloient dans

le Port de Dunkerque, auſſi vaſte
que commode à l'embarquement.
Chacun de ces monſtrueux Bâti-
mens portoit deux cens hommes
armés, outre les Officiers de Marine,
les Pilotes & autres gens propres à
la manœuvre, les chevaux, les vi-
vres, les fourrages, & tous les inſ-
trumens néceſſaires à la guerre & à
la navigation. Les Arſenaux & les
Magaſins étoient ouverts : on en
tiroit des armes que l'on délivroit
aux Soldats, à qui l'on aſſignoit
en même temps double ſolde,
pour les animer davantage à faire
leur devoir. Enfin, tous les préparatifs de cette Expédition étant
faits, on ſe diſpoſoit à s'embar-
quer, quand le bruit ſe répandit
partout qu'une indiſpoſition avoit
mis au lit le Prince Charles.

Au deſeſpoir de l'obſtacle que

Pepin avoit mis à son voyage de Suede , il étoit venu s'enfermer, pour laisser à sa douleur la liberté de s'exhaler. Un instant après , ayant été informé que le Roy lui défendoit de le voir, il étoit tombé dans une langueur soudaine , & avoit passé plusieurs jours en cet état , invisible à ses plus intimes Confidens. Une fievre violente l'avoit ensuite attaqué, & son mal empiroit tous les jours , depuis qu'il sçavoit qu'on se préparoit à l'embarquement.

Parmi les Officiers de ce Prince , étoit un Vieillard qui possedoit l'art divin de guerir les hommes des maux ausquels ils sont sujets. A la respiration d'un malade, à la couleur de son teint , à l'inspection de ses yeux, il connoissoit la cause de sa maladie. Il ne se ser-

voit point de ces remedes univer-
fels que fes fuccefleurs ont inven-
tés depuis, fous prétexte qu'étant
d'une nature à agir en même tems
fur toutes les parties du corps, ils
touchent infailliblement la partie
malade. Il étoit bien moins prodigue de la vie des hommes. Jamais, par exemple, il ne vouloit
qu'on tirât du fang des veines du
corps, parcequ'il difoit que ce remede étoit un veritable mal, plus
propre à épuifer les forces & à rui-
ner la nature, qu'à la foulager.

Cet homme divin, ayant commencé, fuivant fa coutume, par
découvrir la caufe de l'indifpofi-
tion du Prince, ne s'amufa point
à chercher fa guerifon dans fon
Art. Il alla trouver la Reine, & lui
fit entendre que la vie de fon Fils
étoit dans un peril qui l'effrayoit:

mais que si par la tendresse qu'elle avoit pour ce Prince, elle vouloit engager le Roy à lui rendre la permission d'aller en Suede, il ne seroit pas besoin d'employer d'autre remede pour sa guerison.

Ce discours rapporté au Roy, fit autant d'impression sur son esprit, qu'il en avoit fait d'abord sur celui de la Reine. Tous deux alarmés de la situation d'un Fils qu'ils aimoient éperduëment, s'empressent de le venir voir. Panchés sur son lit, ils moüillent de leurs larmes son visage où la mort est peinte; ils lui rendent malgré eux le consentement qu'il desiroit avec tant d'ardeur : Et de même qu'une fleur flêtrie sur le soir, recouvre son premier éclat, si-tôt qu'elle est humectée par les pleurs de l'Aurore; de même le jeune Prin-

ce, qui touchoit insensiblement
à son dernier jour, parut dès ce
moment, comme revenir sur ses
pas : de sorte qu'en peu de temps
sa santé se trouvant entierement
rétablie, aussi-tôt après il s'em-
barqua.

HISTOIRE

HISTOIRE

DES

PREMIERES EXPEDITIONS

DE

CHARLEMAGNE.

SECONDE PARTIE.

TOUT ce qu'il y avoit de distingué à la Cour de France, s'étoit empressé d'avoir part à une Expédition que l'illustre Fils de Pepin honoroit de sa présence. Montmorency, Enguerrand,

K

Chatillon , Guy de Bourgogne , Olivier & Lufignan , jeunes Seigneurs qui , étant à peu près de même âge que ce Prince , lui avoient été dès l'enfance inféparablement attachés, s'y faifoient remarquer fur tous les autres , autant par leur naiffance que par leur merite perfonnel ; tous ayant déja fait avec lui leurs premieres armes , & donné des preuves d'une valeur au-deffus de leur âge.

Les deux premiers jours de la navigation furent heureux. Le Ciel n'étoit couvert d'aucun nuage. Pendant la nuit , les Etoiles brillantes fervoient de guides aux Pilotes experimentés ; ou les flots doucement agités n'offroient en plein jour qu'un fpectacle amufant pour le Prince Charles. Un vent propice enfloit les voiles. Il fembloit que le Ciel en faveur d'une Flote ſi précieuſe à la France, eût applani la route qu'elle tenoit, & détaché les rochers pour les précipiter dans les abîmes. Ainſi l'on s'accoutumoit à oublier les dangers de l'inconſtant Element : mais que cet aſſoupiſſement fut court !

Le Soleil , qui avoit éclairé le troiſiéme jour de ce voyage , étoit prêt de finir ſa courſe , lorſqu'un vent furieux vint gémir tout-à-coup dans les voiles. Le Ciel ſe couvre ; la Mer s'agite ; ſes flots mugiſſent. Les Vaiſſeaux pouſſés ſur le flanc, moüillent leurs mâts panchés dans des monts d'écume. Un reſte de lumiere éclaire encore les premieres fureurs de l'Element irrité : mais on n'en eſt que plus malheureux , car on redouteroit moins l'horreur d'un peril que les ténebres feroient ignorer. Ils voyent les vagues tantôt féparées ouvrir des abîmes où l'on va s'engloutir ; tantôt rapprochées enlever les Vaiffeaux jufqu'aux nuës. D'un autre côté, les Soldats dont ils font pleins, accoutumés à fe pofter en champ ferme, font des cris épouvantables. Les Pilotes eux-mêmes font fi troublés, que leurs mains tremblantes abandonnent le gouvernail. Le Prince a beau les encourager, a beau leur promettre des récompenfes : ils ont coupé les cordages, ils ont fait détendre les voiles ; tout leur Art eft à bout : les Vaiffeaux vont au gré de la tempête.

Cependant la nuit vient, & l'affreufe image des Flots couroucés revenant avec elle, on s'imagine voir ce que l'on ne voit plus.

On se figure que les ténebres cachent encore plus d'horreur que le jour n'en a fait voir. Ainsi la violence de la tempête agissant au dehors, & l'inquiétude au-dedans, toute la nuit se passe dans des transes mortelles.

Le lendemain, le calme renaissant avec le jour, on commence à se reconnoître ; on compte les Vaisseaux ; on s'apperçoit qu'il en manque un grand nombre ; on les attend quelque temps : ils ne paroissent point. Le Prince, qui les croit perdus, en est au desespoir : les plus experimentés, pour le rassurer, lui persuadent que le mauvais temps les aura jettés dans quelque rade, & qu'on les retrouvera par la suite. En effet, ils crurent un instant après, en appercevoir deux qui approchoient avec rapidité : mais l'erreur fut courte. Ils n'étoient pas encore à la portée du trait, qu'on les reconnut pour être les Vaisseaux d'Osmand qui paroissoit lui-même sur la prouë du premier.

Osmand étoit un Sarrasin célebre par les pirateries qu'il exerçoit depuis dix ans dans les deux Mers. Le nombre & la contenance des François qui se préparoient à l'attaquer, le firent pâlir. Il cria de toutes ses forces : Je n'ai point d'affaires avec vous ; je fais ma route, faites la vôtre. Mais voyant que cette défaite étoit inutile, le Vaisseau qui le portoit, se trouvant déja investi, alors le Barbare, qui dans un corps robuste enfermoit un cœur de Tygre, comme un homme au desespoir, proferant d'horribles blasphêmes con-

tre le Ciel , couroit de la pouppe
à la prouë , armé d'une énorme
hache. Il faifoit tête à tous, & fe
défendit long-temps , frappant à
droite & à gauche ; maffacrant tout
ce qui tomboit fous fa main ; rien
n'échappant à fes coups mortels.
Enfin pourtant ne pouvant plus
fuffire au grand nombre qui fon-
doit fur lui, prêt à fe voir arrêté,
l'intrépide fcélerat , écumant de
rage, fe précipita dans la Mer.

   Auffi-tôt les François s'étant
emparés de fon Vaiffeau, le vifite-
rent : ils y trouverent dans les fers
un Inconnu, le Diadême au front,
& à fes pieds une jeune perfonne
de vingt ans, que fes pleurs, autant que la richeffe de fes habits,
faifoient connoître pour la fille de
ce Roy captif. Les ayant mis en
liberté, on les fit paffer dans le

Vaiſſeau du Prince. Quelle avanture étrange ! s'écria-t'il, en les abordant : Que ne dois-je pas à la fortune qui m'a conduit ici, pour vous tirer de la captivité où vous êtiez tous deux ! Qui êtes-vous ?

Vous voyez, lui répondit l'Inconnu, le Roy d'Angleterre & ſa Fille. Ah ! jeune Heros, ſi la fortune de Briteric n'eſt pas indigne de vous, venez la partager avec lui.

Quelle opinion avez-vous de moi, lui dit le Prince en ſouriant ? Non non, Seigneur, ne craignez rien : je n'abuſerai point de votre reconnoiſſance ; & ſi le nom de Pepin eſt parvenu juſqu'à vous, vous devez ſçavoir que ſon fils l'imiteroit peu. . . . Il n'en put pas dire davantage ; car Briteric l'embraſſant avec tranſport, lui dit en l'interrompant :

l'interrompant : Quoi ! vous êtes le Fils de Pepin ? J'ai le bonheur de ferrer dans mes bras l'Heritier de fon Trône immortel ? Quoi ! le Ciel permet que nous tenions notre liberté du Sang d'un Monarque de qui je tiens mes Etats ? Je ne me reprocherai donc plus l'inutilité dans laquelle j'ai depuis vécu, puifqu'enfin j'ai la fatisfaction de voir chez moi le Fils du plus cher de mes amis.

Charles s'empreffa de lui demander de quelle maniere fon Pere avoit pu lui rendre le fervice dont il venoit de parler : J'ai bien, lui dit-il, quelque idée confufe d'avoir autrefois entendu dire que vous étiez connu de lui ; mais je n'en fçais pas davantage.

Le filence du Roy votre Pere, repliqua Briteric, eft l'effet d'un

L

génereux defintereffement. Ses
bienfaits ont toujours été purs &
fans retour : par là je vous recon-
nois vous-même pour fon fils. Rares & précieux font les hommes
dont le cœur eft capable de tels
fentimens : ils reffemblent vraiment à la Divinité. Mais, Prince,
puifque vous ignorez cet endroit
de la vie de Pepin, je ne rougirai
point de vous en inftruire.

A peine eus-je atteint ma trei-
ziéme année, que je me fentis é-
pris d'un violent defir de voyager
chez les Nations étrangeres, à
deffein de perfectionner mon éducation par la connoiffance de leurs
coutumes & de leurs mœurs. Kenulphe mon Oncle, à qui je tenois
lieu de Fils, étoit fur le Trône
d'Angleterre. Je lui communiquai
mon deffein. (Remarquez bien

ceci, Prince,) il l'approuva. Partez, mon Fils, me dit-il, allez fa-
tisfaire votre louable curiofité :
mais évitez ce qui pourroit vous
corrompre, & fouvenez-vous que
l'Abeille qui fuce l'abfynthe & l'if,
ne rapporte à la ruche qu'un miel
amer. En ce temps-là regnoit fur
les bords de la Mer Baltique Sigefroy, dont la vie fut un tiffu
de prodiges, & le Regne, un Regne de félicité, digne de fervir de
modéle à tous les Rois de la Terre.
Ce fut à la Cour de ce Prince que
je connus Pepin. J'y demeurois
depuis fix mois, & je me difpofois
à paffer ailleurs, lorfque votre
Pére, animé comme moi du defir
d'apprendre, y parut. Etrangers
tous deux, tous deux à peu près
de même âge, nous ne fûmes pas
long-temps inconnus l'un à l'au-

tre. Nous nous aimions fans nous
connoître : nos cœurs fe cherchoient : une fympathie fecrette
en forma la liaifon. Sur ces entre-
faites, on m'écrivit d'Angleterre,
que Kenulphe étoit mort fubite-
ment ; que par fon Teftament il
avoit difpofé de la Couronne en
faveur de Vortiger, Roy d'Hybernie ; & qu'il m'en avoit exclus
au mépris des Droits de ma naiffance, par le feul motif qu'ayant
vécu dans des pays étrangers, je
ne manquerois pas, étant Roy,
d'adopter leurs maximes, d'introduire des nouveautés funeftes, de
changer les mœurs, d'abroger les
Loix, de boulverfer l'Etat. Le
prétexte étoit fpécieux, comme fi
cet Etranger, qu'il appelloit au
Trône à mon préjudice, pouvoit
avoir des inclinations moins étran-

geres que moi. Aussi ses Sujets ne
se payerent-ils point d'une défaite
si frivole. On me marquoit que
j'étois le seul qu'ils voulussent reconnoître pour leur légitime Souverain, & qu'ils soupiroient après
mon retour. Je n'avois point de
secret pour Pepin, & sa confiance
à mon égard étoit réciproque. Je
lui fis part de ma situation : il me
conseilla de partir, & me força
même à vouloir qu'il m'accompa-
gnât ; les perils & les incommo-
dités du trajet ne l'effrayant point.
Nous étant embarqués tous deux
à l'insçu de tout le monde, nous
fîmes un voyage heureux ; & en
arrivant en Angleterre, nous y
trouvâmes Vortiger mon concur-
rent, qui y étoit descendu avec une
Flote considerable, comptant bien
s'y faire déclarer Roy de gré ou de

force. Le bruit de mon arrivée ne tarda pas à se répandre. Nous étions Pepin & moi dans le Port de Hull, dont les Habitans m'avoient déja reconnu ; & un grand nombre d'autres Villes s'y joignant ensuite , je me trouvai bientôt en état de paroître à la tête d'une Armée puissante. Ainsi pourvu de tout ce qu'il me falloit pour m'opposer aux prétentions de Vortiger, je lui fis sçavoir que j'allois à lui ; mais qu'avant que de tenter le sort des Armes , s'il vouloit se désister du Droit qu'il prétendoit mal-à-propos sur des Etats qui m'appartenoient légitimement , je lui laisserois & aux siens la liberté de se retirer. Il me répondit que la Couronne d'Angleterre devoit être le prix d'une bataille, & que c'étoit à elle à décider de notre differend. Sur cette réponse, je marchai contre lui dès le jour même. L'Armée que je commandois avec Pepin, consistoit en seize mille hommes de pied, couverts des deux côtés de six mille chevaux ; & quant à Vortiger, il étoit à la tête de vingt à vingt-cinq mille hommes assez bien armés. Nous étions à peine en présence, que le Ciel qui réservoit au Roy votre Pere la gloire de cette journée, permit qu'un des premiers traits qui furent tirés sur nous, se glissant au défaut de mon harnois, m'entrât bien avant dans la cuisse. Je l'arrachai promptement ; & je voulus surmonter la douleur, la dissimulant quelque temps. Mais le sang venant à se refroidir & la blessure à s'enfler, il fallut ceder. Les Armes me tomberent des mains : ceux qui

étoient autour de moi, s'en apperçurent : ils me prirent & m'em-
porterent au Camp à la vuë des
deux Armées. Alors les Gens de
Vortiger me croyant mort, jet-
tent un grand cri, fondent sur
nos Soldats, les étonnent, les mettent en déroute. Pepin voyant ce
desordre, vole après eux, les gour-
mande, les rallie, échauffe lui seul
le combat. Ils repoussent à leur
tour ceux qui les poursuivoient
avec tant de chaleur, rompent
leurs Bataillons, en font un grand
carnage. Vortiger irrité d'un changement de fortune si prompt, en
cherche l'Auteur. Rien ne s'op-
pose à son passage : il traverse le
champ de Bataille, reconnoit Pepin moins à l'éclat de ses Armes,
qu'au mouvement qu'il fait faire
aux Troupes, vole à lui, le joint.

C'est

C'eſt à toi, dit-il, que j'en veux, jeûne homme. A ces mots, il lui porte un coup d'épée : Pepin l'évite, & d'un revers de la ſienne, lui fait ſauter la tête. Mais admirez ici la grandeur d'ame du Roy votre Pere. L'Armée de Vortiger déconcertée par ſa mort, ceſſa de me diſputer la Couronne. Elle poſa les Armes, & demanda quartier ; mais la nôtre animée contre elle, ne reſpirant que ſang & que meurtre, inflexible aux cris & aux prieres de ces ſoldats ſoumis, alloit en maſſacrer impitoyablement juſqu'au dernier, ſi le magnanime Pepin n'en eût arrêté la fureur. Il parle, & tout ſe calme à ſa voix. Vous les avez vaincus, dit-il ; dès qu'ils ſe rendent, ils ne ſont plus ennemis : laiſſez-les retirer en liberté. Ah ! Prince, que la género-

sité est un puissant appât pour gagner les cœurs! Ce trait qui cou-
ronna la victoire de votre illustre
Pere, m'a servi merveilleusement;
car les vaincus à leur retour en
Hybernie, loin de songer à venger
la mort de leur Roy , comme ils
le devoient, me firent rechercher
d'amitié : de sorte que depuis ce
jour , j'ai joui paisiblement du
Royaume de Kenulphe, uniquement
ment redevable de ma fortune,
comme vous voyez, à votre Pere,
de même que nous vous le sommes aujourd'hui de notre liberté.

Tandis que Briteric racontoit
ces choses, Charles presque immobile avoit les yeux attachés sur lui;
toutes les actions differentes, toutes les images de ce récit paroissoient sur le visage naïf du jeune
Prince. Hé bien, Briteric, dit-il

enfuite, depuis cette grande journée, mon Pere a-t'il resté long-
temps en Angleterre?

Peu de temps après, répliqua
Briteric, nous apprîmes que l'invincible Charles - Martel, votre
Ayeul, étoit attaqué d'une maladie
très-dangereuse. Cette nouvelle
le fit partir promptement. Ah!
Seigneur, que cette séparation me
fut douloureuse!

Le Fils de Pepin embraſſant de
rechef le Roy d'Angleterre, s'é-
cria : Ah! Briteric , que je ſuis
charmé de cette heureuſe rencontre! Oui , la fortune m'a égaré
tout exprès. Mais puis-je vous demander par quelle raiſon ou par
quel malheur vous étiez tombés
l'un & l'autre entre les mains d'un
Pirate.

Briteric lui répliqua : Prince, je
M ij

me hâte de satisfaire à vos defirs.
A quelque diftance de Londres,
Ville capitale de mes Etats, eft un
Palais fomptueux, conftruit fur le
bord de la Tamife. C'eft là que
fait avec moi fon féjour ordinaire
Edburge ma Fille, que vous voyez
ici. Hier nous nous promenions
entre la Ville & le Palais, dans
des allées d'arbres plantés le long
du rivage. Nous n'avions avec
nous qu'une fuite peu nombreufe,
quelques Favoris, mes Miniftres,
voilà tout. Le Barbare, des mains
de qui vous nous avez délivrés,
pouffé, difoit-il, par des vents
contraires, étoit venu moüiller la
veille à cent pas de l'endroit où
nous étions. Il affuroit être d'A-
frique, Nation que le commerce
attire aux Côtes d'Angleterre,
mais tellement incapable de violer

le Droit des Gens, que nos Ports
à toute heure ouverts à son trafic,
ainsi que les siens au nôtre, ne lui
ont jamais reproché la moindre
infidélité. C'est pourquoi n'étant
point en garde contre les embû-
ches de cet imposteur, que j'ai sçu
depuis être un Brigand Sarrasin,
qui alloit vendre d'un côté ce qu'il
avoit pillé d'un autre, il lui fut aisé
de méditer notre enlevement, &
d'en venir à bout. Nous nous é-
tions assis sur l'herbe. Il vint à
nous, suivi d'un homme de son
Equipage, qui portoit dans ses
bras un grand vase de cristal plein
d'une liqueur inconnuë, & me
l'offrit. Touché de la franchise ap-
parente du Corsaire, j'eus l'im-
prudence de prendre de ses mains
cette liqueur artificieuse, & pour
lui faire voir que je la recevois

avec plaisir, non content de l'en
remercier , j'en voulus goûter en
sa préfence. L'homme qui l'avoit
apportée , en fit l'effai. J'en bus,
je la trouvai délicieuse ; ma Fille
en but après moi , & le refte fut
abandonné aux Gens de notre
fuite. Alors Ofmand prit congé de
nous. Demi - heure après je me
fentis extraordinairement affoupi.
Ma Fille & les autres me dirent la
même chofe. Ah ! nous fommes
trahis, m'écriai-je. Nous luttâmes
un inftant avec le fommeil, & ce
fut inutilement : nos yeux fe ferme-
rent malgré nous : je ne fçais plus
ce que nous devinmes : je m'en-
dormis. Tantôt la vertu de ce breu-
vage empoifonné ceffant , je me
fuis éveillé : mais, ô mortelles douleurs ! Où me fuis-je vu avec ma
Fille ! Dans quel état nous fom-

mes - nous trouvés ! Tous deux chargés de fers. A nos clameurs est accouru un des Gens d'Of- mand que nous commencions à questionner, lorsqu'un bruit sou- dain s'est élevé sur nos têtes. Des cris confus ont pénétré jusqu'à nous ; on est venu nous trouver, on a brisé nos fers. Fils de Pepin, vous sçavez tout le reste, excepté ma reconnoissance de laquelle je ne puis vous convaincre ici : mais rendez - nous à l'Angleterre dont vous êtes si proche. Il n'y a sorte de bons traitemens qu'un Roy vraiment sensible puisse faire à son Liberateur, que vous n'y receviez de moi. Vous partagerez avec le Ciel les actions de graces que mes Sujets lui offriront dans la solem- nité de notre retour. Je veux par de pompeuses Fêtes où vous tien-

drez la premiere place, laisser une
éternelle memoire du service éclatant que vous nous avez rendu.
Notre Posterité verra votre nom
inscrit dans nos Archives à côté
de celui de Pepin, & elle dira :
Que ces Princes étoient magna-
nimes & bienfaisans ! Qu'ils pro-
tegoient nos Rois !

Briteric par ce récit ayant satisfait à la curiosité du Prince Charles, ce Prince à son tour l'informa
du dessein dans lequel il étoit parti
de France à la tête d'une Flote si
considerable. Il lui répeta tout ce
qu'il avoit appris des Ambassadeurs de Suede, ajoutant qu'il alloit appaiser les Mânes d'Erric &
d'Adelaïde, par la mort du Tyran
qui les avoit fait perir.

Le Roy d'Angleterre lui fit connoître la part qu'il prenoit aux
justes

juſtes motifs de ſa vengeance, lui
offrit & le ſecours de ſon bras, &
celui d'une Armée puiſſante, s'il
en avoit beſoin ; & vit avec admiration dans ce Prince tout jeune,
les ſentimens d'un Heros achevé.

Inſenſiblement la nuit vint cou-
vrir de ténebres la vaſte étenduë
des Mers, avant qu'on abordât
aux rivages d'Angleterre ; car cette
Côte ſe voit de ſi loin, qu'encore
qu'on l'eût découverte dès le matin, toutefois on n'y pouvoit arriver que vers le milieu du jour ſuivant. Charles auſſi tôt fit apporter
toutes ſortes de rafraîchiſſemens &
entr'autres des fruits & des vins qui
furent trouvés d'autant meilleurs,
qu'ils venoient d'un païs étranger :
& après que ce repas fut fini, il prit
congé de Briteric & d'Edburge,
pour les laiſſer repoſer en liberté.

N

Mais le jour avoit à peine suc-
cedé aux ténebres, qu'impatient
de s'entretenir avec le Roy d'Angleterre, le Prince l'alla trouver.
Vous m'avez parlé, lui dit-il, des
voyages que vous avez faits dans
votre jeuneſſe, en termes capables
d'exciter ma curioſité. S'il vous en
reſte quelque ſouvenir, je vous
demande en grace, Briteric, de
me communiquer ce que vous y
avez vu, qui puiſſe convenir à mon
inſtruction; & ſoyez perſuadé que
j'en ſçaurai faire un bon uſage.
Je ſuis moins jeune que vous ne
l'étiez alors; mais il s'en faut bien
que je ne ſçache ce que vous ſça-
viez à mon âge: je ſens mon foible, & me rends juſtice.

Une modeſtie ſi rare ne peut
que me charmer, lui répliqua le
Roy. Je doute fort que mes con-

noiſſances ſervent à augmenter
les vôtres. Cependant aſſeyons-
nous : je ne laiſſerai pas de répondre à votre empreſſement. Ne
nous arrêtons point à cent petits
Etats que j’ai vus ſans fruit : paſ-
ſons tout d’un coup ſur les bords
de la Mer Baltique. Enviſageons le
Regne de Sigefroy : lui ſeul nous
fournit abondamment de quoi
remplir les vuës que vous avez.

Sigefroy fut un préſent du Ciel.
A ſon avénement à la Couronne,
la fortune & la victoire, dont il
fut toujours accompagné depuis,
commencerent à le favoriſer. Il
prit lui même le commandement
de ſes Armées, mit un frein à la
licence des Soldats, rétablit la diſ-
cipline Militaire. Ses Ennemis
trois cens fois vaincus par ſa valeur, ligués contre lui, l’attaque-

rent en même temps. Il leur op-
posa dix Armées qui leur firent
tête à tous, les relancerent jusques
chez eux, les taillerent en pieces,
assiegerent leurs villes les mieux
fortifiées, & les prirent. Il secourut
ses Alliés, & remporta sur leurs
Adversaires des victoires célebres.
Il chassa de toutes les Mers les
Pirates qui les infestoient, recula
les bornes de ses Etats, y ajouta
des Provinces d'une immense é-
tenduë, & mit au nombre de ses
Sujets des Peuples très-puissans.
Il eut à sa solde quatre cens mille
hommes de Troupes. Des Nations
pleines de la terreur de son nom,
vinrent des extrémités du Monde
rechercher son amitié; & ce qui
n'est pas moins admirable, tandis
que la Guerre étoit allumée aux
quatre coins de son Royaume, ses

Sujets n'en reſſentirent point les calamités : ſûrs qu'il veilloit à les en garantir, ils ne les craignoient pas même. Enfin au moment que toutes les Puiſſances du Nord, ne pouvant plus ſe relever de leurs pertes, s'attendoient à ſubir le joug de Sigefroy, ce Prince auſſi magnanime que belliqueux, leur donna génereuſement la paix : & ceux qui les Armes en main avoient redouté la puiſſance & la valeur de ce Heros, pacifiés ne purent s'empêcher d'admirer ſa clémence & ſon équité, furent forcés de l'aimer.

Voilà le portrait achevé d'un grand Conquerant, dit le Prince au Roy, ſi tant de gloire fut moins un effet de ſon bonheur que de ſa conduite; s'il ne fit point de Guerres injuſtes; s'il n'accabla point de

gayeté de cœur des voisins trop
foibles ; pour envahir leurs dépoüilles ; s'il ne corrompit point
enfin de plus forts que lui, & n'a-
cheta point d'eux la victoire. Mais
quand la Paix fut faite , comme
vous venez de le dire , que fit-il ?
Lui qui aimoit la Guerre, & qui
sans doute paroissoit toujours à la
tête de ses Armées dans tous les
combats , à quels Emplois, aussi
dignes de lui que les Armes, s'oc-
cupa-t'il ? Les Heros perdent souvent dans la paix une partie de la
gloire qu'ils ont acquise pendant
la guerre , soit que les vertus do-
mestiques ayent moins d'éclat, ou
qu'il soit plus difficile de gouverner un Etat que de le conquerir.
Sigefroy joignoit-il les vertus Civiles aux vertus Militaires ? Les
posseda-t'il au même degré ?

Loin de diminuer sa gloire, répondit le Roy, la Paix y mit un nouvel ornement. Il fut forcé de faire la guerre en montant sur le Trône. Mais aussi avare du sang de ses Ennemis que prodigue du sien, moins leurs forces lui avoient fait obstacle, plus il avoit fallu le forcer à vaincre. Quatre fois Pacificateur du Nord entier, il eut autant de plaisir à poser les Armes, qu'il avoit eu de regret à les prendre. Ce fut alors qu'on vit dans ses Etats, les Sciences, les Arts & le Commerce fleurir sous ses auspices. Il rassembla de tous les coins du monde les hommes rares & excellens. Par ce moyen ses Etats devinrent comme une grande Academie de Sçavans & d'Artisans en tout genre. L'Italie ne vanta plus l'Architecture de ses Temples,

ni les excellens ouvrages de ſes
Peintres. Aux chefs-d'œuvres des
plus habiles Statuaires, les Maîtres en cet Art oppoſerent leurs
moindres eſſais. L'eſprit humain
ſe porta aux Sciences les plus ſu-
blimes. On découvrit le mouvement & la diſpoſition des Aſtres,
leur grandeur, & leur diſtance de
la terre; on expliqua tous les Phe-
nomenes des Cieux ; on étudia
la ſtructure du Corps humain ; on
conçut l'harmonie que toutes ſes
parties ont entre elles. Il n'y eut
point de ſecrets qu'on ne dévoilât,
point de maladies qu'on ne guerît,
point de remedes, point de plantes dont on ignorât les vertus. La
Nature, ſi j'oſe ainſi parler, eut
lieu de craindre que l'Art même
ne vînt à bout d'animer la toile,
les marbres & les métaux, de rappeller

peller les morts à la vie, de rendre
les humains immortels. Mais tandis que ces Grands Hommes ex-
celloient à l'envi, la liberalité de
Sigefroy, plus puissante que tout
pour exciter l'émulation, enflam-
moit leurs esprits. C'est à cette
liberalité que dut son institution
un nombre infini d'Arts méchaniques qu'il honora des plus belles
prérogatives, prodiguant des sommes immenses pour les soutenir,
persuadé que le Commerce & les
Manufactures, moins nobles que
les Arts liberaux à la verité, sont
en revanche plus précieux, parce
que le travail des choses dont on
ne peut se passer pour vivre, atta-
chant une infinité de personnes
de tout âge & de tout sexe, les
tire de la mendicité, leur assure
une subsistance honnête, les éloi-

gne des vices inséparables de l'oisi-
veté, augmente la concorde & l'u-
nion, rend un Royaume plus peu-
plé, plus fort & plus florissant,
attire au-dedans une abondance
qui se répand sur le général des
Peuples, & non sur un petit nombre, comme celle qui naîtroit de
la dissipation des revenus de l'E-
tat; & par la même raison que
l'argent qui en est le nerf, n'en
sort point alors, il y entre au contraire à proportion de ce qui se
débite au-dehors. Excités toujours
par la même liberalité de Sigefroy,
d'intrépides Navigateurs porterent le Commerce de ses Sujets
chez des Peuples inconnus. Enfin
ce fut par elle qu'une Maison égale
en magnificence à son propre Palais, fut choisie pour être dans tous
les temps l'asile des Guerriers que

le grand âge ou les bleſſures ren-
droient incapables de ſervir. Il leur
y procura un glorieux repos ; &
pourvoyant à tous leurs beſoins,
il en fit ſeul les frais, jaloux de né
partager avec perſonne l'honneur
d'acquitter les dettes de la Patrie.
Le même motif lui fit aſſigner dès
récompenſes & dès penſions ho-
norables aux Gens de Marine hors
d'état de monter ſes Vaiſſeaux. La
Juſtice à ſon tour reſſentit auſſi les
effets de ſa ſageſſe & de ſa protection. Elle avoit été chaſſée de ſon
Sanctuaire par la chicane , & ce
monſtre aſſis à ſa place empoiſon-
noit toutes les Loix. Sigefroy l'ex-
termina , rétablit la Juſtice , dicta
de nouvelles Loix. Il envoyoit de
temps en temps recuëillir les plaintes de la Veuve & du Pauvre, pour
les venger lui-même de l'oppreſ-
O ij

fion des Grands. Que dirai-je de plus ? Il fit élever ou réparer plus de deux cens Forterefles, la terreur de fes Ennemis & les barrieres de fon Empire. Il fit faire une infinité de Ports , en aggrandit d'autres, & les rendit plus fûrs ; détourna le cours inutile de plufieurs Fleuves, leur fraya des lits tout nouveaux ; & par là des lieux auparavant fterriles, devinrent tout à coup, comme en dépit de la Nature , dans une abondance univerfelle. Enfin ce Monarque , éclairé de fes propres lumieres, dans une vigilance infatigable, dans une éternelle action, ne participant point au repos qu'il donnoit , executa toutes ces chofes par lui-même, fuffit feul à tout. Son accès étoit doux & charmant : il parloit à tout le monde d'un vifage ouvert, civil & engageant. Jamais on ne voyoit sur son front de ces sombres nuages que cause l'accablement des affaires. Il fut toujours tendre, toujours bienfaisant. En un mot, de tant de travaux & de victoires, voici le seul fruit qu'il voulut retirer : **La félicité des Peuples.**

O l'excellent Prince ! s'écria le Fils de Pepin. O l'heureuse Nation à qui le Ciel accorde un tel Monarque ! Que j'aurois de gloire, si je me voyois assis sur un Trône qu'affermissent des fondemens si solides ! Oui, je vous le proteste, Briteric, si jamais Dieu met en mes mains le Sceptre de mon Pere, j'aurai sans cesse devant les yeux le Regne de Sigefroy. Poursuivez un récit qui me fait tant de plaisir ; rappellez-vous tous les faits d'un si Grand Homme ; ils sont précieux; n'en perdons rien : un Roy tyrannise ses Sujets, dès qu'ignorant la superiorité de Dieu sur lui, il n'en craint point la justice. Quelle fut la Religion de ce Prince?

Briteric reprit la parole : En ce pays là, dit-il, non plus qu'ici, on n'admet point la pluralité des Dieux. On n'y en reconnoit qu'un seul, & cette Divinité n'est point une plante, un animal, un mortel déifié, tel que le Fils de Saturne. C'est une Intelligence suprême, unique, infinie, éternelle, incompréhensible, supérieure à tout, existant par elle-même, parceque sa puissance ne dépend de nulle autre; pour elle-même, parcequ'elle est seule capable de se suffire; & en elle-même, parceque l'immensité de son étenduë est au-delà de toutes

bornes. C'eſt cette Puiſſance qui,
d'abord ayant tiré d'une ſeule parole l'Univers du néant , ſépara la
clarté d'avec les ténebres, le chaud
d'avec le froid , l'étherée d'avec
l'opaque, le liquide d'avec l'aride,
plaça dans les Cieux des flambeaux
lumineux pour partager le temps
en jours & en nuits , affermit la
Terre , répandit la Mer autour
d'elle ; fit tout à la fois ſortir de
ſon ſein, les arbres & les plantes,
les fruits, les fleurs & les feuilles ;
créa tous les animaux vivans, l'Aigle & le Paſſereau , la Baleine &
le Remore, l'Elephant & la Four-
mi, le Serpent & le Vermiſſeau ,
l'Homme & la Femme; donna l'Empire du Monde à ces derniers, &
& en leur faveur établit dans la
Nature cet ordre admirable qui
depuis tant de ſiecles fait marcher

chaque chose en son rang avec la
même justesse & la même regula-
rité que le premier jour. Ce Dieu
qui sans cesse se manifeste ainsi
par ses œuvres, est le même Dieu
que nous adorons. C'est lui qui a
daigné prescrire aux hommes les
Loix qu'ils devoient observer. En
effet, elles sont pleines de sagesse;
elles leur défendent de rendre hommage à d'autres Dieux qu'à lui,
de livrer leurs cœurs à de vains
plaisirs, ni d'ôter à personne la vie,
les biens ou la réputation, leur ordonnant d'aimer jusqu'à leurs propres ennemis, & de regarder tous
les hommes comme leurs freres.
Nourri dans une Religion si pure,
Sigefroy se fit un devoir continuel
d'en entretenir le culte dans ses
Etats. Les Honneurs, les Dignités, les Offices publics, étoient
donnés

donnés à ceux que la pieté & les bonnes mœurs diftinguoient des autres. Il en dépoüilloit les débauchés, les blafphémateurs & les impies, chaffoit ces monftres de la focieté, ou les puniffoit rigoureufement. Il réprima par de féveres châtimens la manie des combats finguliers. Il délivra des multitudes de miferables (parmi lefquels étoient même des Etrangers de differentes Nations alors en Guerre avec lui) que les ennemis de fa Religion retenoient dans un cruel efclavage. Trois cens Autels en l'honneur de la Divinité, & plufieurs Hôpitaux deftinés à l'entretien des Pauvres de l'un & l'autre Sexe, furent conftruits & enrichis par fa magnificence. Il ne confondit point dans ces demeures confacrées à la mifere, les infortu-

P

nées Heritieres d'une Noblesse dé-
nuée de tous biens. Il prit soin de
leur assigner un asile honorable,
& de leur y faire donner une éducation conforme à leur naissance.
Voilà, Seigneur, les effets de sa
pieté; & pour tout dire en peu de
mots, il ne regnoit jamais plus
glorieusement à son gré, que
quand il employoit la puissance,
l'exemple, la liberalité ou la rigueur, pour conserver ou pour
défendre les Droits de la Divinité,
ses Autels & sa Religion.

Briteric s'entretenoit de la sorte
avec le Prince Charles, quand des
cris aigus, tels qu'en fait un homme qui perit, se firent entendre
d'eux. Ils jetterent les yeux sur la
Mer du côté d'où venoient ces
clameurs. Ils apperçurent un homme attaché fortement à une lon-

gue piece de bois qui flotoit sur les eaux. On lui fit donner un prompt secours. Mais à peine l'eut-on mis à bord du Vaisseau du Prince, qu'un mouvement immoderé de joie, comme il y a tout lieu de le croire, le fit évanoüir. On mit sur ses lévres quelques gouttes d'un Elixir dont la vertu fut telle qu'il revint un instant après. Le Prince s'étoit approché de lui, & le considerant attentivement, il crut le connoître ; mais c'étoit un souvenir confus qu'il ne pouvoit démêler. Plus j'ai les yeux attachés sur vous, lui dit-il, plus je trouve que vos traits me reviennent. Souffrez que je vous demande si vous ne m'avez pas vu en quelque endroit. Certainement je vous connois. Ne pourriez-vous pas aider ma mémoire? Pendant ce tems-là ce malheureux, tout éperdu, tout inquiet, tournoit la tête d'un & d'autre côté, ne reconnoiſſant perſonne; mais il lui échappa de parler tout ſeul. Alors le Prince Charles, tel qu'un homme qui en s'éveillant rappelle avec peine un ſonge fugitif, s'écria tout à coup: Ah! ceſt Guſtave. Hé! d'où venez - vous, cher ami? Guſtave s'entendant nommer, regarda fixement le Fils de Pepin; & ſes ſens étant tout-à-fait calmés, il lui dit, en ſe jettant à ſes pieds: Quoi! c'eſt vous, Prince? Ah! que vous m'avez tiré d'un grand peril!

Nous retournions en Suede, mes compagnons & moi, charmés de la réponſe favorable que vous & le Roy votre Pere nous aviez donnée. Occupés de vos bontés pour nous & de nos pertes, nous

ne penfions à rien moins qu'à la
proximité d'un nouveau malheur,
au moment que notre Vaiffeau fut
attaqué par un Corfaire Sarrafin
nommé Ofmand. Ce Barbare s'en
étant rendu maître, après une vi-
goureufe refiftance de notre part,
nous chargea de chaînes. Nous eûmes beau employer auprès de lui
les raifons & les prieres, il nous fit
trainer impitoyablement dans fon
bord, prit la route d'Afrique pour
y vendre fon butin ; & en y arrivant il nous fit conduire aux Places publiques, où nous fûmes expofés pendant plufieurs jours ;
parcequ'en fait d'Efclaves, ceux-
là font peu eftimés, qui n'ont pas
été elevés dans des travaux de corps
pénibles & groffiers. Ainfi des Ambaffadeurs accoutumés à traiter
avec les Rois & les premiers Hom-

mes de l'Univers, étoient mis à l'encan comme des bêtes viles. Encore ne nous regardoit-on que comme des bêtes inutiles sur lesquelles il y avoit beaucoup à perdre. Cependant Osmand ne laissa pas de nous vendre, & ce fut même au service du Roy que nous passâmes. Ce Prince possedoit trois mille Esclaves des deux sexes. Nous fûmes présentés à lui. Il nous demanda quels étoient nos talens. Nous lui répondîmes que nous n'en avions aucun qui pût convenir à l'abjecte condition où nous nous trouvions réduits, parce que nous étions nés dans un état infiniment opposé à l'esclavage. Mais n'importe, poursuivis-je, des Esclaves qui craignent Dieu, doivent être soumis à sa volonté. Il souffre que nous soyons privés de notre liberté. Il nous a fait tomber dans vos mains : nous ne sommes plus à nous, vous pouvez nous mettre à tel usage que vous voudrez, pourvu que vous ne nous ordonniez rien de contraire à ce que Dieu vous permet de nous ordonner ; vous nous verrez toujours vous obéir avec docilité.

En ce moment nous étions dans une posture humiliante, à genoux, le dedans des mains tourné vers le Ciel, & la tête panchée vers la terre. Il nous fit lever avec assez d'humanité ; & celui qui nous avoit amenés, nous ayant conduits par son ordre au quartier des Esclaves, nous y trouvâmes un tas de malheureux de tout âge, de tout pays, de toute condition, attachés les uns aux autres, sans aucune distinction de sexe ; d'impitoyables

Officiers les faifoient tomber fous les coups qu'ils leur donnoient. Ce fpectacle me fit frémir. Hélas! leur dis-je, ils font hommes comme vous : Pourquoi les traiter ainfi ? Ne vous feroit-il pas plus avantageux de les conduire avec douceur ? Ne trouvant dans la captivité que la captivité feule , ils oublieroient infenfiblement la perte de leur liberté ; ils chercheroient à vous contenter ; ils vous ferviroient avec attachement : Mais fi vous épuifez le peu de forces & de courage qu'ils ont , comment voulez-vous, mes freres, qu'ils puiffent après cela fournir la tâche qu'on leur impofe ? Il faudroit qu'ils euffent bien du zéle & de l'infenfibilité de refte.

Ce difcours nouveau pour ces Barbares, les enflamma de colere.

Ils

Ils fondirent à l'inftant sur moi, & me traitant de féditieux, ils me dépoüillerent à la vuë de tous les Efclaves, me foüetterent cruellement, me firent mille outrages. La nuit vint, & je la paffai mal. Le lendemain avant le lever de l'Aurore, on nous fit fortir de notre repaire. Enchaînés deux à deux, nous défilâmes dans une vafte cour. Malheur alors à qui ne pouvoit fuivre fon compagnon, une grêle de coups tomboit fur lui. Pour moi, je ramaffai le peu qui me reftoit de forces, & j'eus le bonheur d'en être exempt. On nous fit en cet endroit la diftribution des ouvrages de la journée. Je fus un de ceux qu'on envoya dans les Jardins, foit pour arrofer les fleurs ou pour arracher les mauvaifes herbes. Mes fonctions ne

Q

paroiſſoient pas pénibles : mais je ſouffris beaucoup au milieu du jour, à cauſe de l'ardeur du ſoleil que j'avois à plomb ſur la tête. Sur le ſoir, la chaleur étant devenuë plus ſupportable, le Roy vint s'y promener tout ſeul. Comme j'é-tois panché ſur mon ouvrage, je ne le vis pas entrer, & je n'avois garde de penſer que mon infor-tune ſur laquelle je faiſois en ce moment de triſtes réfléxions, m'ar-rachoit des plaintes qu'il écoutoit. De quoi te plains-tu ? me dit-il. A cette demande reconnoiſſant ſa voix, je tournai la tête. De quoi je me plains ? repartis-je d'un ton plus ferme que mon état ne ſem-bloit me le permettre. Ignorez-vous, ô Roy ! l'inhumanité que l'on a pour nous ? On nous déchire à coups de foüets : & maltraités

de la forte, fi nous ouvrons la
bouche pour en demander la rai-
fon, on fe jette de rechef fur nous,
& l'on ne ceffe de nous frapper,
que quand on nous a mis aux a-
bois. Hier, en entrant pour la premiere fois dans le lieu où vos Efclaves fe retirent, j'eus le cœur
percé de douleur à la vûë des cruautés que vos Officiers exerçoient fur
eux. Je voulus leur repréfenter
l'horreur d'une telle conduite & le
tort qu'ils vous faifoient par là : ils
tournerent contre moi leur rage :
il n'eft point d'indignités qu'ils ne
m'ayent faites. O Roy ! vous dai-
gnez m'entendre favorablement :
Que devient un Troupeau, quand
le Pafteur, au lieu d'en prendre
foin, l'égorge ? Les animaux qui
vous fervent, vos Eléphants & vos
Chameaux travaillent felon leurs

forces ; on ne leur refuse ni le repos
ni les alimens : mais vos Efclaves
cent fois moins heureux, travaillent plus qu'ils ne peuvent, meu-
rent de faim ; & pour comble de
calamité, font excédés, outragés,
maltraités fans fujet.

Abdala, c'étoit le nom du Roy,
fut furpris & touché tout enfemble de ma hardieffe. Il m'avoüa
qu'il avoit jufqu'alors ignoré que
l'on châtiât injuftement fes Efclaves, ou qu'on leur impofât des travaux trop pénibles, parceque leurs
plaintes n'étoient jamais venuës
jufqu'à lui. Il blâma tout ouvertement la dureté de fes Officiers,
qui par cette conduite pouvoient
lui faire perdre tous les ans une
infinité de bons Efclaves, & rebuter les autres. Il me commanda de
le fuivre, m'affurant qu'il alloit en

faire une févere juftice. On monta
par fes ordres au fommet d’une
Tour bâtie dans l’enceinte de fon
Palais; & de là, par le moyen d’un
inftrument d’airain qui fert à porter la voix au loin dans la campagne, on rappella tout le monde
du travail. Abdala fit ranger les Efclaves fur plufieurs lignes, comme
pour en faire la revuë. Enfuite
ayant enjoint aux Officiers de fe
retirer, de peur que leur préfence
ne fermât la bouche à ces miferables, il me fit marcher devant lui,
en interrogea le plus grand nombre, & vit que ce que j’avois dit
étoit vrai. Auffi-tôt il fit venir leurs
chefs : & comme il avoit le fer à
la main pour les égorger tous, ce
qu’ils euffent enduré fans réfiftan-
ce, j’ofai retenir fon bras, & m’é-
crier, faifi d’un fentiment de pitié:

O Roy ! qu'allez-vous faire ? Ne vous foüillez point de leur fang. Qu'ils fervent à remplacer ceux de vos Efclaves qu'ils ont fait perir. Contentez-vous de les rendre Efclaves à leur tour. Leur fervitude vous fera plus utile que leur trépas. Il approuva mes raifons : ma témerité leur fauva la vie. Ils étoient au nombre de trois cens qui furent par fes ordres enchaînés à la queuë des autres. Achevez, Grand Roy, lui dis-je alors, achevez de proteger vos Efclaves. Les foins d'un Maître font dus également à tout ce que la providence de Dieu a mis fous fon obéïffance. Je m'étois apperçu qu'il avoit l'ame naturellement intereffée. Je le tâtai par là. Que demandez-vous à vos Efclaves , pourfuivis - je. Qu'ils travaillent , me répliqua-t’il : je ne les ai pris à mon service que pour cela. Tellement donc, repris-je, que retirant d’eux à l’avenir plus d’ouvrage que par le passé, vous serez content ? Oui, dit-il. Mais, ajoutai-je, si plus de travail & par conséquent plus de profit vous obligeoit à moins de dépense, vous seriez encore plus satisfait ? Assurément, me répondit-il. Hé bien, repartis-je, que vos Esclaves nous déclarent s’ils resteroient de bon gré à votre service, changeant leur esclavage rigoureux en une douce dépendance ou subordination, telle qu’ils auroient lieu d’en être contents. Permettez-leur de s’expliquer librement, & séparez ceux qui refuseront d’avec ceux qui voudront rester. On le fit à l’instant. Il s’en trouva des derniers un tiers moins que des premiers, du nombre desquels furent mes compagnons. Ne vous effrayez pas, lui dis-je, de la perte que vous allez faire : ce n'en est pas une que de se débarrasser d'une multitude de serviteurs forcés. Ils veulent s'en retourner chez eux, laissez-les partir. Le petit nombre qui vous reste, travaillera seul plus que tous ensemble ne faisoient, parceque les autres ne faisoient rien, & que les bons traitemens que l'on aura pour ceux-ci, les animeront à mieux faire. Ainsi possedant plus d'Ouvriers & moins d'Esclaves, vous ferez moins de dépense & plus de profit. L'experience en fut faite le lendemain, & Abdala convaincu que mon avis étoit bon, ne fit pas difficulté de relâcher les mécontents, & d'affranchir les autres à

ma

ma priere. Quant à ceux-ci, de concert avec lui, je les rangeai par sexe, & chaque sexe par âge, les vieillards avec les vieillards, les femmes avec les femmes, ainsi des autres. Je prescrivis la qualité des ouvrages qui devoient être distribués à chacun d'eux, suivant leurs forces & leurs talens. Je fixai le temps du travail & celui du repos. Je reglai leur nourriture, leurs vêtemens & leur salaire. J'assignai tout cela sur des fonds certains, & je voulus que la liberté qu'ils avoient acquise par leur affranchissement, produisît en eux, tant pour leurs personnes que pour les biens qu'ils pourroient acquerir dans la suite, les mêmes avantages que le bonheur de la liberté naturelle produisoit à ses propres sujets. Abdala agréa ce projet, en fit

une Loi dont l'éxecution me fut
confiée, & de son propre mouvement créa tout aussi-tôt pour moi
une Charge de Gouverneur des
Affranchis, à laquelle il attacha
des revenus très considerables. La
premiere fois qu'il me l'offrit, je
la refusai. Il ne se rendit point à
mes excuses. Il me l'offrit de rechef
en des termes si pressans, que je
fus forcé de l'accepter pour ne pas
l'irriter. A quelques jours de là,
je trouvai le moment de lui réprésenter qu'ayant eu le bonheur de
lui plaire, je me flatois qu'il ne me
refuseroit pas la permission de retourner en ma patrie, où ma présence étoit absolument nécessaire.
Il m'accorda cette grace sans hé-
siter, mais il me fit promettre de
retourner en Afrique, dès que
l'affaire importante qui me faisoit

partir, seroit terminée : & en effet, si le Ciel me conserve la vie, nul obstacle ne sera capable de me faire manquer à ma parole. Sur cela le Roy me combla de présens. Nous montâmes mes compagnons & moi dans un Vaisseau qu'il fit équiper exprès. Nous voguâmes d'abord assez heureusement. Un vent favorable qui se joüoit dans nos voiles, nous avoit déja poussés jusqu'à la hauteur de l'Angleterre : mais avant-hier sur le soir, au moment que nous y pensons le moins, un sombre nuage enveloppe tout à coup le Ciel : une horrible tempête irrite la Mer jusques dans ses abîmes. Le jour se change en une nuit affreuse. Chacun s'écrie que la mort est inévitable. Un coup de vent nous pousse contre un rocher; & à l'instant notre Vaisseau

fracaſſé couvre la Mer de ſes débris. Une planche ſe préſente à
moi, je m'en ſaiſis, & l'impétuoſité des vagues me jette ſi loin,
que je ceſſe d'entendre les cris de
mes compagnons. Cependant la
tempête s'eſt appaiſée, & depuis
j'ai paſſé le jour ſuivant & la nuit
derniere ſur les flots calmés : mais
toujours dans une ſituation également fâcheuſe, demi-mort de
faim, de fatigue & de froid, à tout
moment prêt à tomber dans la
Mer, & regardant ma perte comme inévitable. Enfin ce matin,
m'étant aviſé de lever la tête, je
me ſuis vu près d'une Flote nom-
breuſe. J'ai crié. On m'a ſecouru;
& c'eſt à vous, génereux Fils de
Pepin, que je dois la vie.

Le Prince Charles fut touché
des avantures de Guſtave auſſi ſen-

fiblement que Briteric. Il admira
les nobles fentimens que cet homme avoit fait paroître dans fon efclavage , en parlant foit au Roy
d'Afrique foit à fes Officiers ; &
au fouvenir de la maniere étrange
dont il étoit forti des flots , com-
parée au peril extrême qu'il y
avoit couru, des larmes de joie &
d'admiration tombant des yeux du
jeune Prince, il s'écria : O Briteric , à combien d'accidens la fortune & la vie des hommes font
expofées! Erric & fa Fille en font
un exemple. Vous l'avez éprouvé
vous-mêmes. O que nous fommes
peu de chofe! Que nos profperités
font vaines , font fragiles , font
paffageres!

Comme le Prince difoit ces
mots, la Flote fecondée des vents
entroit dans un Port voifin de

Londres. Les Habitans avertis du retour de Briteric & d'Edburge par des Pêcheurs qui avoient reconnu de loin les Vaisseaux d'Osmand, étoient accourus en foule. Dès qu'ils le virent à terre, le rivage retentit de cris d'allegresse. Voilà, mes enfans, dit Briteric au Peuple en montrant le jeune Heros, voilà notre Liberateur ; c'est l'Auguste Charles, le Fils de Pepin. Et le Peuple pleurant de joie se prit à crier plusieurs fois de toutes ses forces : Vive Charles ! Vive le Fils de Pepin ! Charles en rougit, & ne put s'empêcher de dire à son tour : Qu'heureux est un Roy, quand il est aimé de ses Sujets ! Qu'heureux ils sont eux mêmes, quand ils l'aiment si tendrement !

Au milieu de ces acclamations réciproques, le Roy, Edburge &

le Prince trainés dans un même char, arriverent au Palais qui étoit bâti à quelques mille de Londres.

Ce Palais de loin paroiſſoit comme une grande ville, & à meſure qu'on en approchoit, la magnificence de ſes dehors annonçoit celle du dedans. Ses murs n'étoient conſtruits que de marbre & de jaſpe; ſes voutes & ſes portes, que d'airain doré. Des colonnes de bronze ſur leſquelles l'énorme poids de l'Edifice étoit ſoutenu, formoient tout autour de longs portiques où le Peuple pouvoit ſe promener à couvert. L'interieur étoit encore plus ſuperbe. On y voyoit une prodigieuſe quantité de meubles auſſi précieux que variés, des monceaux de pierreries taillées, des milliers de Buſtes d'or & d'argent maſſif, un pareil nombre de vases des mêmes métaux, & une infinité d'autres ouvrages, tous sortis d'une main si recherchée, que l'Art avoit ajouté beaucoup de prix à la matiere.

Mais ce qui causa plus d'admiration au jeune Prince, ce fut de voir dans l'enceinte de ce Palais, tout ce que Briteric lui avoit raconté sur la Mer des merveilles du Royaume de Sigefroy.

A droite étoit le Temple de la Justice, où présidoient trois Senats differens, ausquels il avoit commis le soin de réformer les Jugemens d'autres Senats inferieurs répandus dans tous ses Etats. Du même rang étoient encore plusieurs autres Assemblées augustes, l'une desquelles étoit composée de quarante Hommes dont le langage charmoit l'oreille.

Vis-

Vis-à-vis habitoient tous les Arts, mais seulement ceux qui sont propres à rendre l'homme meilleur, ou à procurer au commerce de la vie plus d'agrément & de commodité.

D'abord paroissoient les plus nobles : L'Eloquence persuasive, qui entraine les cœurs : La Musique, qui par ses accords mélodieux en bannit la tristesse ; L'Architecture, qui par l'harmonie de ses proportions & la richesse de ses ornemens, est si nécessaire pour l'embellissement des villes : La Peinture & la Sculpture, ces deux Arts admirables qui consacrent à la posterité l'image des Hommes Illustres : La Médecine, qui soulage les malheureux mortels dans les douleurs les plus aiguës : La Philosophie, cette ennemie redoutable de leurs passions.

Tout auprès étoient placées les Ecoles de Mars, dans lesquelles de vieux Favoris de la Victoire dictoient les secrets de l'Art Militaire à de jeunes Eleves qui devoient être comme eux les Défenseurs de l'Etat. On leur apprenoit à conduire une Armée, à former un Siege & à le faire lever, à donner un Assaut & à le repousser, à s'emparer d'un Poste avantageux & à s'y retrancher, à livrer un combat & à le soutenir, à camper ou attaquer à propos, à faire une vigoureuse défense ou une retraite honorable. Aux uns une troupe d'habiles Ecuyers faisoit dompter des Coursiers fougueux. D'autres, le compas en main, apprenoient à revêtir une Place de Fortifications : ils faisoient voir des ébauches qu'ils avoient tracées d'imagination sur le sable, & on leur en montroit les endroits foibles ou les irregularités.

Après les Ecoles de Mars, venoient celles de Neptune ; mais celles-ci étoient partagées en deux. D'un côté, l'on enseignoit toutes les sortes de constructions navales. On y distinguoit les espèces de bois qui y étoient les plus propres, & en quelles saisons ils devoient être coupés, pour résister plus long-temps à l'acreté des eaux salées. On y décrivoit les formes differentes qui rendoient un Vaisseau, ou meilleur voilier, ou d'un plus difficile abordage, ou plus fort dans la tempête. On y expliquoit l'usage des voiles & des cordages qu'il y falloit employer, leur nombre & leur disposition. D'un autre côté, une troupe de jeunes Pilotes apprenoit à mettre les mains au gouvernail ; à connoître les vents qui regnent dans toutes les Mers ; à en découvrir jusqu'aux moindres bancs & aux moindres rochers, & à les éviter ; à prendre pendant la nuit les Etoiles pour guides ; à devenir avec toutes ces connoissances d'habiles & d'heureux Navigateurs.

Non loin de là, paroissoient enfin l'un après l'autre tous les Arts méchaniques, qui pour être plus grossiers, n'en sont pas moins utiles. Ici, dans les mains d'un seul Artisan, la soie, la laine, le fil, prenoient mille couleurs, ou s'employoient en mille manieres differentes. Là, les métaux étoient rendus fléxibles. L'acier se changeoit en Armes meurtrieres, ou en utiles instrumens de l'Agriculture. L'or,

l'argent, l'airain, le bronze, deve-
noient des monnoyes propres au
commerce, ou des monumens immortels des plus belles actions des
Grands Hommes de tous les tems.

Charles employa les premiers
momens de son arrivée à conside-
rer toutes ces choses. Il y avoit
alors à la Cour de Briteric le sçavant Alcuin. C'étoit lui qui accom-
pagnoit le Prince que Briteric a-
voit été obligé de quitter, pour aller recevoir les respects des Grands
& de tous les Ordres de l'Etat, à
l'occasion de son retour. Le jeune
Prince qui connoissoit Alcuin de
réputation, fut charmé de se trouver seul avec lui, pour donner à
tant de spectacles dignes de son
attention, toute celle dont il étoit
capable : il entra partout, & voulut tout voir. Il fit des questions

fur tout ce qui lui parut nouveau : rien ne put échapper à fa curiofité. Mais Briteric vint le rejoindre. Il étoit alors occupé dans une Galerie de Peinture, à regarder attentivement une fuite de Pieces dont Alcuin fe préparoit à lui expliquer le fujet.

Vous voyez, lui dit le Roy d'Angleterre en l'abordant, les finiftres effets de la jaloufie d'un Epoux, & tout enfemble de la foibleffe d'un Prince qui livre toute fa confiance à des Courtifans. Conftantin, l'un de mes Prédéceffeurs avoit admis à fa couche Adele, cette infortunée Princeffe que vous voyez à genoux fur le point d'être immolée. Le pinceau ne l'a pas flatée ; mais quelqu'aimable qu'elle fût par fa beauté, elle l'étoit encore davantage par la fageffe qui bril-

loit en elle. Les premieres années
de son Hymen s'écoulerent dans
les plaisirs que goûtent deux personnes qui s'aiment infiniment;
& leur union étoit plus tendre que
jamais, lorsqu'Hoël Roy de Bretagne vint secretement ici. C'est
ce jeune Prince qui expire sur ce
marbre. Un ardent desir de visiter
Constantin son parent, avec lequel il avoit passé plusieurs années
à la Cour de France, avant qu'ils
fussent Rois, étoit la cause de ce
voyage. Malgré l'absence, ils a-
voient toujours conservé l'un pour
l'autre une vive & sincere amitié.
Hoël étoit le plus aimable de tous
les hommes. Constantin charmé
de le revoir, le reçut de son mieux.
Adele, à l'exemple de son Epoux,
& pour lui plaire, fit aussi au Prince
le plus gracieux accuëil : le Prince

lui rendit de fréquentes visites, &
quelqu'indifferentes qu'elles fussent , elles firent naître bientôt
dans le cœur de Constantin un
mouvement de jalousie qu'il ne
put s'empêcher de découvrir à
Gontaris, celui de tous ses Favoris
qu'il aimoit le plus. Le perfide
Gontaris connoissoit mieux que
personne la sagesse d'Adele. Il a-
voit eu l'audace de lever les yeux
jusqu'à elle. Il craignoit même
qu'elle ne s'en vengeât un jour.
L'occasion de la prévenir lui parut
favorable. Il composa son visage,
jetta des larmes artificieuses, &
d'un ton propre à toucher Constantin , il lui fit accroire tout ce
qu'il voulut , donna des couleurs
à ses impostures, dit que le respect
lui avoit jusqu'alors imposé silence;
en un mot, n'omit rien de ce qui

pouvoit

pouvoit contribuer à la perte des deux prétendus Amans. Conſtantin abuſé par ce ſcélerat, n'écouta plus que ſa fureur. Il jura leur mort. Gontaris chargé de les faire empoiſonner, ſe hâta d'aller communiquer ce deſſein à Donald, ſeul Officier qui pouvoit l'executer. Et celui-ci feignant de ſe prêter aux volontés du Roy, promit d'abord une prompte obéïſſance; puis le queſtionnant avec une eſpèce d'indifference : Ne ſçait-on pas, lui dit-il, par quel motif le Roy entreprend un acte de cette conſéquence ? Si je vous en parle au moins, ne croyez pas, Gontaris . . . . . Vous vous moquez, interrompit Gontaris tranſporté de joie : la génereuſe réſolution que vous venez de prendre, vous

T

rend digne de toute la confiance du Roy. La Reine lui eſt infidelle; Hoël eſt entré dans ſon lit; le Roy en veut être vengé. Sur cela Gontaris & Donald s'étant ſéparés, ce dernier ſe gliſſa, ſans être vu, le long d'un eſcalier ſecret qui conduiſoit à la garderobe de la Reine. La Reine un inſtant après y paſſa. Donald tout tremblant ſe jette à ſes pieds, & lui apprend les funeſtes intentions de Conſtantin; mais il jure qu'il s'expoſera plûtôt aux reſſentimens du Roy, que de ſe rendre complice de ſa cruauté. Adele ſaiſie en croit à peine ſes oreilles. Elle interroge de nouveau Donald; & Donald proteſtant avec ferment que ce qu'il a dit eſt veritable : alors toute en larmes elle leve les mains au Ciel, prend

Dieu à témoin de son innocence, & se retire dans une chambre voisine, incertaine du parti qu'elle devoit prendre. En ce moment le Roy de Bretagne survient. Que vois-je ? lui dit-il, vous soupirez, Adele ! votre tristesse semble redoubler à ma vuë ! Oserois-je vous en demander la raison ? Ah ! partez, Hoël, partez tout-à-l'heure, lui répliqua-t'elle : vous ignorez le peril où vous êtes. Moi ! Madame, répartit le Roy ; & quel peril aurois-je à craindre au milieu de mes parens & de mes amis ? De quoi m'accuse-t'on ? Partez, vous dis-je, reprit la Reine. Mon Epoux nous soupçonne . . . . . j'ai honte de vous le dire. Je vous entends, Madame, interrompit Hoël, & connoissant l'injustice qu'on vous fait , je ne ferois point jaloux de vous juſtifier ? Vous voulez que je parte ? j'aurois donc la foibleſſe de vous abandonner à l'injuſte colere du Roy ? Non , Madame , non, je ne partirai point que votre innocence n'ait paru dans tout ſon jour. Je vais de ce pas détromper votre Epoux. En diſant ces mots, il prit congé d'Adele , & alla droit au cabinet du Roy. Gontaris qui venoit d'en ſortir , parloit aux Gardes. Il ſe mit au-devant d'Hoël, & lui dit qu'il avoit ordre de ſon Maître de n'introduire qui que ce fût. Le Roy de Bretagne répondit en ſouriant que ſi ces ordres le regardoient, il en vouloit être informé de la propre bouche de Conſtantin , & là-deſſus il s'approcha des portes. Gontaris l'arrêta

brusquement. Le Prince offensé
de cette violence, mit la main sur
la garde de son épée , & menaça
d'ôter la vie à quiconque l'empê-
cheroit de passer. Constantin l'entendit au travers des portes; il cria
soudain à ses Gardes : Tuez-le.
Comment! s'écria le Prince . . . .
Il n'eut pas le temps d'en dire davantage, percé de coups il expira.
Constantin parut aussi-tôt , les
yeux étincelans de fureur , & la
cruauté peinte sur le visage. Le
voilà donc, dit-il, ce fier Amant
d'Adele. Qu'elle vienne , & que
l'ardeur de ses embrassemens le
rappelle maintenant à la vie. Cependant son animosité n'étoit encore satisfaite qu'à demi : mais il
n'étoit plus temps de recourir au
poison. Il falloit justifier l'assassinat

d'Hoël, en flétriſſant ſa mémoire, en condamnant ſolennellement la Reine, & en la puniſſant ſuivant la rigueur des Loix. Dans ce deſ-ſein les Grands du Royaume furent mandés au lieu même où le cadavre étoit étendu ; & Gonta-ris leur parlant au nom de Conſ-tantin, exagera les inſtances que le Roy de Bretagne avoit faites pour entrer, diſant qu'il avoit for-cé les Gardes ; qu'on ne pouvoit douter qu'il n'eût concerté avec la Reine, qu'il venoit de quitter, un mauvais deſſein ſur la perſonne du Roy ; & que cet attentat étoit le fruit des libertés criminelles qu'-Adele lui avoit laiſſé prendre. Il allegua encore beaucoup d'autres choſes pour appuyer ſon impoſ-ture ; & quand il eut fini, l'Aſſem-

blée , fans autre connoiffance de
caufe déclara qu'Hoël avoit été tué
avec juftice , & que la Reine comme adultere & parricide , feroit
punie de mort. Perfonne ne fe
récria contre l'irregularité de ce
Jugement. L'infortunée Adele fut
arrêtée & livrée fur l'heure entre
les mains des Bourreaux qui la con-
duifirent au lieu du fupplice. Ses
Juges iniques eurent le front de
l'y accompagner. Conftantin lui-
même & le traître Gondaris étoient
du nombre. Elle demanda trois
fois la permiffion de fe juftifier ,
& trois fois on la lui refufa. Il
faut donc mourir, s'écria-t'elle , &
mourir innocente. Mais comme
elle prononçoit ces mots avec
beaucoup de fermeté, Gildas, l'un
des plus hommes de bien du Roy-

aume, parut tout-à-coup. Il se pré-
sentoit rarement à la Cour, parce
qu'il menoit une vie austere & re-
tirée. Cependant il n'avoit pas plûtôt été averti de ce qui se passoit
au Palais, qu'il s'y étoit transporté avec empressement. Sa présence toucha l'Assemblée. Il vit donc
la Reine dans la posture où les
Bourreaux l'avoient fait mettre.
Sa tête alloit être séparée de son
corps. Il se laissa tomber aux pieds
du Roy, & ne voulut souffrir qu'-
on l'aidât à se relever, quelque
instance que Constantin attendri
lui fit, qu'après en avoir obtenu
que la mort d'Adele seroit differée
d'un moment. Et alors il dit : O
Constantin, le Ciel a-t'il si long-
temps conservé mes jours, pour
me rendre témoin de ce spectacle
cruel ?

cruel ? Que j'aurai de reproches à
lui faire de ne me les avoir point
abregés , si votre Epouse n'étant
point coupable, mes paroles, mes
foibles paroles, les dernieres peut-
être qui sortiront de ma bouche,
ne dessillent vos yeux, & ne vous
touchent le cœur ? Vous avez fait
assassiner un Roy votre parent &
votre ami. On dit à la verité qu'il
avoit concerté avec la Reine un
mauvais dessein sur votre personne, & que ce mauvais dessein étoit
le fruit d'un commerce criminel
qu'il avoit avec elle. Mais qui sçait
tout cela ? Hoël l'a t'il dit en mourant ? Elle-même l'a-t'elle avoüé ?
Qui donc dépose contr'eux ? Est-
ce vous, Gontaris ? Dites-nous,
je vous prie, qui vous a revelé ce
mystere. Car enfin je suppose que

V

la condamnation d'Adele n'a point
été prononcée sur des conjectures
& des soupçons dénués de preuves :
l'on a trouvé apparemment contre
elle des témoignages non suspects
& plus clairs que le jour? On l'a sans
doute admise à parler pour sa jus-
tification ? Pardonnez, Constantin, au zéle que j'ai toujours eu
pour la gloire de mes Rois, cet
excès d'indiscrétion. Dépoüillez-
vous un moment de l'interêt que
vous avez dans cette affaire, pour
écouter sans prévention les dépo-
sitions de Gontaris & mes répli-
ques. Gildas se tut à ces mots. Et
certes cet homme mérite des loüan-
ges immortelles d'avoir entrepris
avec tant de courage de sauver sa
Reine, dans un temps où tout le
monde l'avoit abandonnée. Conf-

tantin ému par ce discours jetta les yeux sur Gontaris, pour lui commander de parler ; & s'appercevant qu'il étoit tout troublé, il lui en demanda le sujet : mais Gontaris au lieu de répondre, cédant aux remords qui le presloient, fremisſant, furieux, courut aux Bourreaux, leur arracha des mains un poignard, & s'en frappant à coups précipités, il s'écria : O trop crédule Conſtantin, je t'ai trompé. Hoël & la Reine n'étoient point coupables : je leur dois cet aveu & le ſacrifice de mon ſang. Alors Conſtantin, le malheureux Conſtantin, comme un homme qui revient d'un ſonge funeſte, reconnoit ſon erreur & l'énormité de ſon crime. Il étoit trop abîmé dans l'amertume de ſon deſeſpoir pour se plaindre. Il tire son épée, la plonge dans son sein, & rien ne peut le rappeller à la vie.

Après cette narration, Briteric emmena le Prince des François. Détournons les yeux de ces objets lugubres, lui dit-il : ce jour est consacré à la joie, fuyons tout ce qui peut la troubler. Mais à peine ils sortoient de la Galerie, qu'un Concert de voix & d'instrumens mélodieux frappa leurs oreilles. Ils leverent les yeux, & virent une Troupe de Divinités champêtres venir au-devant d'eux en dansant.

On étoit alors dans la plus belle saison de l'année. La terre ouvrant son sein au souffle charmant des zéphirs faisoit éclore ses moissons odorantes, l'honneur & les délices du Printemps. Et comme, pour

parler le langage figuré de la Poësie, on voit en un jour de Fête
de jeunes Bergeres aller aux Autels du Dieu des Troupeaux ; de
même la Princesse Edburge, après
avoir rassemblé les plus belles de
ses Compagnes, venoit à leur tête, sous le nom de Flore, couronner le Prince son Liberateur.

Edburge avoit une taille des
plus nobles, & tous les traits qui
forment le plus beau visage ; la
couleur de son teint se ressentoit
du climat temperé où elle avoit
pris naissance ; sa blancheur étoit
égale à la neige.

Mais, Princesse, quels sont en
ce moment les sentimens de votre
ame? Vous le voyez ce Liberateur
aimable : son esprit, ses manieres,
sa bonne mine, tout vous charme

en lui. Ah ! me trompai - je , l'a-
mour se glisse dans votre cœur.

Cependant la fin de cette journée de plaisirs étoit encore éloi-
gnée , quoiqu'il fût déja nuit.
L'Entrée d'Edburge , le Couronnement de Charles , la Musique
& les Danses n'étoient que le pré-
lude des divertissemens que Briteric & sa Fille avoient fait préparer. Au même instant les Jardins
furent illuminés : on se hâta d'y
descendre. Les Arbres étoient tout
en feu : sur chaque branche , sur
chaque feüille paroissoit de loin un
amas d'Etoiles plus vives & plus
brillantes que ne sont celles qu'on
voit au Ciel dans la nuit la plus
claire. Bientôt après plusieurs ta-
bles spacieuses, tant pour le Prince
que pour les Seigneurs de sa suite,

furent servies avec autant de déli-
catesse que de profusion ; mille
sortes de jeux succederent ensuite
à ce festin magnifique.

D'autre part, le Roy d'Angleterre ayant ordonné qu'on fit des
réjouïssances publiques dans la
ville de Londres, dès l'heure même le Peuple avoit suspendu ses
travaux. En sa faveur, des Fontaines de vin furent distribuées
dans les Places. Les Grands & les
plus aisés de Londres se piquerent
de donner les jours suivans des
Fêtes particulieres. Haralde, l'un
des plus riches du Royaume, fut
des premiers à faire éclater sa joie
par une dépense extraordinaire.
Après lui, Valdar, Surintendant
des Trésors, ne se distingua pas
moins. Les Provinces à leur tour

célebrerent l'heureuse délivrance
de Briteric & d'Edburge, peut-être
avec moins de pompe, mais toujours avec un égal empressement;
de sorte que dans tout le Royaume
l'allegresse fut universelle, comme
il n'y en avoit jamais eu de sujet
plus légitime.

HISTOIRE

HISTOIRE

DES

PREMIERES EXPEDITIONS

DE

CHARLEMAGNE.

TROISIE'ME PARTIE.

DEPUIS l'arrivée du Prince Charles à Londres, les vents pour differer son départ, sembloient être d'accord avec Briteric, ou plûtôt avec la Princesse sa fille,

X

dont l'amour ingénieux inventoit tous les jours de nouveaux amuſemens. Aux jeux ſuccedoient les ſpectacles, les ſpectacles étoient ſuivis de doux Concerts, où la Muſique parée de ſes charmes les plus ſéduiſans, chantoit ſous des noms étrangers la paſſion d'Edburge pour ſon Liberateur : mais les ſoupirs impuiſſans de cette malheureuſe Amante n'étoient point entendus du Prince qui les cauſoit. Son amour étoit égal à ſon deſeſpoir, & ſon deſeſpoir étoit ſans bornes. Ira-t'elle en ſuppliante ſe jetter aux pieds de l'ingrat qu'elle aime? A quelle reſſource honteuſe elle ſeroit réduite! Fera-t'elle les derniers efforts pour éteindre le feu qui l'embraſe? Son cœur n'eſt plus maître de ſes mouvemens. Elle évitera ſa préſençe!

Elle osera le fuir ! Mais fuira-t'elle l'éternelle image qui la poursuit partout ? Et maintenant qu'elle est loin de lui, de quels transports n'est-elle point agitée ?

Pour lui, ennemi d'une vie mólle & inoccupée, il ne prenoit de vains plaisirs, que quand la bienséance ne lui permettoit pas de s'y dérober. Mais il les évitoit souvent, pour en prendre d'autres plus utiles, soit dans le Palais des Arts, où mêlé avec les plus simples Artisans, il ne croyoit pas indigne de son rang de s'essayer aux mêmes ouvrages qu'eux ; soit en s'entretenant d'autres fois avec Alcuin, qui n'étoit pas seulement un Sçavant, mais un profond Politique & un excellent Homme d'Etat. Sa mémoire étoit comme un livre universel où l'histoire de tous les âges

& de toutes les Nations étoit é-
crite. Le jeune Prince ne se lassoit
jamais de l'entendre , parce qu'il
en recevoit toujours quelques instructions propres à le rendre plus
habile dans le grand art de regner.

Vous êtes destiné, lui disoit un
jour Alcuin , à gouverner le Royaume de l'Europe le plus puissant
en hommes & le plus riche par les
sources fécondes du commerce.
Rien ne manque aux François
pour vivre commodément & tran-
quillement. La terre fertile y pro-
duit avec usure du bled , des troupeaux , du vin , de l'huile & du
miel au-delà de ce qu'ils en ont
besoin pour leur consommation.
Vous n'avez autre chose à faire
pour en conserver l'abondance ,
que d'en laisser le commerce libre
à tous vos Sujets. Pour vous , gar-

dez-vous bien de le gêner par des impôts trop onereux : Que les Etrangers trouvent dans vos Ports les mêmes facilités que vos Peuples trouveront dans les leurs. Ne souffrez jamais que personne obtienne par d'importunes follicitations auprès de vous, des permiſſions excluſives pour tout autre. De telles graces, quand on les accorde trop facilement, ne peuvent être qu'infiniment préjudiciables à l'Etat; parce qu'elles font ceſſer l'émulation qui le fait fleurir. Je conviens que ſi quelqu'un de vos Sujets s'eſt diſtingué par l'invention d'un art, d'une méchanique, ou d'une entrepriſe utile, il eſt juſte de le récompenſer ; mais je voudrois que ce fût plutôt ſur vos propres fonds ; & qu'en même tems ſa dé-

couverte devînt publique , afin
que tous les Citoyens s'en fervant,
pûffent participer légitimement
à un gain commun , & qu'un petit nombre n'accumulât pas des
richeffes , qui quelquefois portent
à la defobéiffance & à la révolte.

Quand vous aurez folidement
établi l'abondance dans votre Royaume , il vous reftera à connoître
les fautes que vos Prédéceffeurs
ont faites pendant leurs Regnes.
Vous trouverez dans votre Maifon
des modeles à fuivre en tout genre
de vertus. Il n'y en a point qui ait
produit tant de grands Hommes.
Mais quelqu'illuftre que leur origine ait été, j'ofe dire , Seigneur,
(& j'efpere que vous permettrez
cet aveu à la confiance que vous
témoignez prendre en moi) j'ofe
dire que votre Maifon ne feroit
jamais parvenuë au Trône de Clo-

vis, si ses Descendans n'eussent pas confié leurs interêts à vos Ancêtres. Les suites à la verité n'en ont été qu'avantageuses à la France, qui peut se vanter aujourd'hui d'avoir effectivement des Rois. Mais que cet exemple vous apprenne combien il est souvent dangereux de déposer son autorité dans les mains d'un Ministre toujours plus attentif à augmenter sa fortune que la gloire de son Maître. Vous n'avez rien de mieux à faire sur cela que de suivre les traces de votre Auguste Pere, & à son exemple, de ne rétablir jamais ni le Titre ni les fonctions de Maire du Palais, qu'il éteignit en montant sur le Trône.

Vous devez après cela, lui disoit encore Alcuin, connoître les differens caracteres des Rois qui vous ont précédé, pour en détester les vices ou en imiter les vertus.

Clovis, Fondateur de la Monarchie Françoise, quitta l'erreur des Idoles pour se convertir à la Religion Chrétienne. Il fut vaillant & heureux dans l'execution de ses desseins. Réglé dans ses mœurs, il donna toute son application à policer son Etat. Il sçut habilement profiter de toutes les conjonctures propres à augmenter sa puissance. Mais l'ambition excessive dont il étoit dévoré, lui fit commettre des injustices & des cruautés qui furent imitées par ses fils Clodomir, Childebert & Clotaire. Le premier à la fleur de son âge perit au milieu d'une victoire, après avoir fait égorger de sens froid Sigismond Roy de Bourgogne & sa malheureuse famille. Il

laissoit

laiſſoit trois Fils en bas âge ; mais Childebert & Clotaire leurs Oncles, n'eurent pas honte, eux qui en devoient être les Protecteurs, d'en devenir eux-mêmes les bourreaux. Au reſte Childebert ne laiſſa pas en mourant d'être regretté de ſes Sujets dont il étoit aimé, parce qu'il fut à leur égard affable, moderé, ſage, équitable & pacifique. Pour Clotaire, jamais Prince ne fut plus ſanguinaire, plus cruel, plus fourbe, & en même temps plus débauché. Thierry ſon autre frere eut pluſieurs de ces vertus propres à faire un grand Roy, & beaucoup plus de ces vices qui font un méchant homme. Il avoit un eſprit capable de gouverner avec autorité ; mais ce fut un Prince injuſte, violent, perfide, & artificieux à l'excès. Theo-

Y

debert son fils fut un des Rois de
la premiere Race le plus accompli.
Aussi brave que son Ayeul Clovis, & que son Pere & ses Oncles,
il n'eut rien de cette férocité qui
leur fut commune à tous. Au contraire il étoit bienfaisant & génereux envers tout le monde, jusqu'à racheter de ses Soldats les
Prisonniers qu'ils avoient faits à
la guerre, pour leur rendre la liberté. Mais on lui reprocha son peu
de fidélité à observer les Traités ;
& c'est le vice trop ordinaire des
Rois belliqueux. Clotaire laissa la
Monarchie Françoise à quatre fils.
L'aîné Caribert fut un Prince occupé à maintenir son Royaume
en paix, sans songer à l'étendre.
Liberal, honnête, éloquent, spi-
rituel, zélé pour l'observation de
la Justice & des Loix, dont il étoit

parfaitement inftruit, il ne ternit
tant de vertus que par une incon-
tinence extrême. Gontran fon fe-
cond frere, plus maître que lui de
fes paffions, lui étoit beaucoup
inferieur en efprit, & en habileté
dans le Gouvernement; mais il ai-
ma comme lui la Paix, & ne fit la
Guerre, que parcequ'il y fut fouvent forcé par les brouilleries de
fes deux autres Freres Chilperic &
Sigebert. Chilperic furtout fut
prefque toujours l'agreffeur, étant
d'un efprit turbulent & inquiet.
Pour comble de maux, après avoir
répudié une Princeffe vertueufe,
ayant élevé de la pouffiere au Trône une femme (1) qui haïffoit mor-
tellement (2) celle de Sigebert, ces
deux Reiffes, auffi ambitieufes,
auffi intriguantes & auffi vindica-
tives l'une que l'autre, furent la

(1) Fre-
degonde.
(2) Bru-
nehault.

principale cause d'une infinité de crimes & de tous les malheurs où la France se trouva plongée sous ces Regnes funestes. Sigebert au reste, qui pour les qualités de l'ame, aussi-bien que pour celles du corps, l'emportoit sur Chilperic, fut recommandable surtout par sa grandeur d'ame, par son intrépidité dans les plus grands dangers, par son inclination bienfaisante, & par le secret qu'il avoit de gagner les cœurs. Childebert son fils ne lui eût cédé en rien, s'il n'avoit été enlevé par une mort trop prompte. Il laissoit ses Etats à deux fils, Theodebert & Thierry, que la discorde desunit bientôt. Theodebert étant tombé entre les mains de son frere, fut massacré par ses ordres, ayant été aussi débordé & non moins cruel que Thierry mê-

me, puifqu'il en étoit venu jufqu'à maſſacrer lui-même ſa propre
femme. Thierry ne lui ſurvécut
pas long-temps, laiſſa par ſa mort
toute la Monarchie Françoiſe entre les mains de Clotaire qui n'eut
aucun des vices de Chilperic ſon
Pere, & encore moins de ceux de
Fredegonde ſa Mere. Il fut cha-
ritable, pieux, liberal, & conſtamment vertueux : auſſi ſes Peuples
l'adorerent-ils. Dagobert ſon Suc-
ceſſeur ſe montra d'abord digne
d'un tel Pere ; mais les impôts dont
il accabla ſes Sujets pour ſubvenir
à ſes débauches & à des dépenſes
exceſſives, l'en firent haïr. Ses Fils
Clovis & Sigebert donnerent com-
mencement à la puiſſance des Mai-
res, qui fut ſi funeſte aux Rois
leurs Deſcendans ; & depuis eux,
l'Hiſtoire de leur Regne eſt moins

la leur que celle de leurs Miniftres,
& des Grands Hommes de votre
Augufte Maifon.

Tel étoit le fujet ordinaire des
entretiens d'Alcuin avec le Prince
Charles, qui prenoit plaifir d'autres fois à vifiter avec lui tout ce
qu'il y avoit de rare & de curieux
dans la Ville de Londres.

Les Places publiques étoient
ornées d'un grand nombre de Monumens. Charles en vit un qu'on
avoit élevé à l'honneur de Briteric, en mémoire des glorieux avantages que fes Armes avoient remportés fur quatre Peuples confé-
derés. Briteric y étoit repréfenté
debout, d'une taille au-deffus de la
naturelle, ayant au refte les traits
parfaitement reffemblans. Pareil à
Hercule, il tenoit d'une main la
maffuë fatale dont fes Ennemis

avoient si souvent senti le poids.
Sous la figure d'une jeune Fille
aîlée, la Victoire portoit sur sa tête
une Couronne, en voltigeant d'u-
ne maniere si naturelle, qu'il étoit
difficile d'appercevoir par quel secret elle étoit suspenduë. Mais
l'Art du Statuaire avoit excellé surtout dans les passions & les attitu-
des differentes qu'il avoit données
aux vaincus qui paroissoient, plus
bas, nuds & enchaînés aux quatre
coins du Monument. On voyoit
sur leurs visages ce qui avoit en-
gagé ces Nations à déclarer la
Guerre au Roy d'Angleterre : l'ambition, l'envie, la jalousie, y é-
toient caracterisées avec une élé-
gance & une précision admirable.

Le Fils de Pepin considerant
un Monument si superbe, jugea
bien que Briteric, vertueux com-

me il étoit, n'avoit pas eu la vanité
de le faire élever. Un de ses Sujets,
lui dit Alcuin, sensible aux bienfaits qu'il en avoit reçus, a voulu
lui donner cette preuve de sa reconnoissance. Il a choisi sa propre
maison; & non content d'y avoir
dressé ce Monument avec beaucoup de magnificence, il a chargé
ses Descendans de l'entretenir &
de le conserver.

Charles ne considera pas avec
moins d'attention un autre Monument que la Ville de Londres
avoit encore élevé à la gloire de
Briteric, qui dans une disette publique avoit épuisé ses trésors pour
faire venir du bled d'un Pays éloi-
gné, & le distribuer à ses Sujets,
sans en tirer aucun profit. Sur les
diverses faces de ce Monument,
on avoit pris plaisir à représenter

tout

tout ce qui pouvoit exprimer la
grandeur de ce bienfait. D'un côté
étoit gravée ſur le bronze l'image
des triſtes effets de la faim : la
terre jonchée de morts, & de mou-
rans qui ſembloient la dévorer :
une mere abatuë de langueur, regardant triſtement un enfant qui
étoit couché ſur ſon ſein , & lui
montrant en vain une mamelle
épuiſée. D'un autre côté paroiſſoit
le zéle infatigable des premiers
Magiſtrats & des Miniſtres du Roy
pour s'appliquer en cette occaſion
à executer ſes ordres. En faiſant
eux-mêmes cette diſtribution , ils
marquoient au Peuple qui les en-
vironnoit , combien étoit grande
la liberalité de Briteric , afin que
ſur cette idée les Riches par leur
moderation , & les Pauvres dans
un eſprit de patience, ſe ſoumet-

Z

tant à la providence de Dieu, fiſ-
ſent tous leurs efforts pour fléchir
ſa colere par des prieres & par une
plus grande innocence de leur vie.

La Ville de Londres étoit d'ailleurs une des plus belles & des plus
peuplées de l'Univers. C'étoit un
ſpectacle vraiment curieux que
l'ordre qui s'y obſervoit, pour la
ſûreté & la commodité des Habitans, pour l'élévation des Bâti-
mens, pour la propreté des ruës,
pour la ſubſiſtance du Peuple qui
étoit aſſurée en tout temps par
l'abondance & la modicité du prix
des denrées. Ici l'Art ſouvent plus
induſtrieux que la Nature, avoit
coupé la Riviere en pluſieurs bras,
ſur leſquels on avoit jetté des Ponts
d'une ſtructure auſſi hardie que
ſolide. Là une méchanique ingé-
nieuſe & ſimple en élevoit les eaux

pour les répandre par des canaux
souterrains dans les Fontaines publiques. Partout, & presque à chaque pas on voyoit des Temples &
des Palais d'une beauté & d'une
richesse étonnante. Là des Jardins
spacieux étoient entretenus aux
dépens du fisc sous un climat si
favorable, qu'on y élevoit avec
succès les plantes, les fleurs, & les
arbrisseaux utiles ou agréables qui
y avoient été apportés des Pays les
plus éloignés. En d'autres endroits
étoient des Hôpitaux pour l'un &
l'autre sexe, pour les differens
âges, & pour tous les genres de
maladies ; mais rien n'étoit plus
digne d'admiration que la propreté & le bon ordre qui regnoit
dans ces Maisons & dans celles
qui étoient destinées pour la retraite des pauvres, pour l'éduca-

Z ij

tion des jeunes gens , ou pour la
correction des perſonnes de tout
âge & de tout ſexe , qui avoient
été ſurpriſes violant les Loix , ou
vivant dans une corruption publique.

L'attention que Charles donnoit à tant de merveilles , ne l'em-
pêchoit pas d'employer auſſi quelques momens à la chaſſe. Elle avoit
été un des premiers exercices de
ſon enfance , & il l'aimoit paſſion-
nément. C'étoit là qu'il avoit fait
prendre à ſon teint ce noble hâle
qui fait la beauté des Heros , &
qu'il s'étoit formé un temperament
ſain & robuſte , également inſen-
ſible à l'ardeur de la canicule & à
l'apreté du froid , à la ſoif & à la
faim.

Briteric , dont l'amitié croiſſoit
de plus en plus pour le jeune

Prince, se faisoit une continuelle
étude de ses inclinations. Depuis
qu'il s'étoit apperçu de son goût
pour la chasse, peu de jours se pas-
soient qu'il ne lui en procurât le
divertissement, & rarement ils faisoient ces sortes de parties l'un
sans l'autre.

Il y avoit long-temps que le
Prince, cherchant des perils dignes de son courage, sollicitoit le
Roy d'Angleterre de trouver bon
qu'il essayât ses Armes contre le
premier Taureau sauvage qui seroit lancé. Le Roy s'y étoit toujours constamment opposé ; mais
voyant que sa résistance ne faisoit
qu'irriter le Prince, il prit enfin
la résolution de le satisfaire. On
convint d'un certain jour, & ce
jour venu, on descendit dans la
Plaine. Un Taureau d'une gros-

feur énorme fut lancé. Il vint droit affronter Charles. Charles, l'épieu à la main, l'attendant de pied ferme, du premier coup qu'il lui porta, lui entama le flanc; le Taureau bleſſé en devint plus furieux; il retourna à la charge. Le Prince lui porta un ſecond coup, puis un troiſiéme; l'animal tomba, & ſe débattit comme s'il eût rendu les abois. Alors le Fils de Pepin ſatisfait, s'étant retiré vers le Roy, les Chaſſeurs de leur ſuite qui étoient en grand nombre, lâcherent les chiens ſur la bête, qui rappellant en ce moment les forces & le courage, ſe releva bruſquement, & s'élançant avec impétuoſité, écarta la meute, prit la fuite, parcourut toute la Plaine, & ſur le point d'entrer dans la Forêt voiſine, diſparut aux yeux des Chaſſeurs. Mais ceux-ci honteux de perdre une proie dont ils s'étoient crus maîtres, coururent sur la piste qu'elle avoit tracée de son sang, & arriverent à l'endroit où elle avoit cessé d'être vuë. Ils trouverent un rocher environné de précipices, & inaccessible de tout autre côté. Au bas du roc couloit un ruisseau, & auprès du ruisseau étoit une caverne. Ils y entrerent : l'animal étoit mort.

Mais bientôt un autre objet frappa leurs yeux. Ils apperçurent la figure d'un homme qui se trainoit sans bruit vers le plus sombre coin de la grote. A ce mouvement, s'imaginant que ce lieu pouvoit être une retraite de brigands, ils en sortirent promptement, l'entourerent, & en firent donner avis au Roy qui s'entretenoit à l'autre

bout de la Plaine avec le Prince.
Tous deux étant venus à quelque
diſtance de la caverne, ils y firent
entrer des gens armés, qui en ti-
rerent avec effort un homme. Mais
quel fut l'étonnement de tout le
monde, quand on vit entre leurs
mains un Vieillard à demi - nud,
qui ſous un front chauve, & tout
couvert de rides, portoit une longue barbe auſſi blanche que la
neige. Ses os décharnés ſe faiſoient
voir au travers d'une peau livide
& deſſéchée. Au reſte ſa taille étoit
haute & majeſtueuſe, & ſes yeux,
quoique creux, étoient encore a-
nimés d'une douceur mâle & d'un
reſte de vivacité. Il faiſoit de grands
efforts pour ſe débarraſſer des
mains des Chaſſeurs qui le tenoient, & de temps en temps s'é-
crioit avec larmes : Que me vou-
lez-

lez-vous ? Cruels! que vous ai-je
fait ? Au nom de Dieu , laiſſez-
moi. Le Fils de Pepin naturellement enclin à la pitié, ne put entendre de loin ſes plaintes, ſans en
être touché. Il courut à ceux qui
l'environnoient , & les écarta. A
peine eut-il conſideré ce ſquelette
vivant , que ſes entrailles s'ému-
rent. Il faut , dit-il en lui-même,
que cet homme ait beaucoup ſouf-
fert; car on ne peut être dans un
état plus affreux. En diſant cela,
il le regardoit d'un œil attendri;
ce que le Vieillard ayant remarqué,
il lui dit : Mon fils, que le Ciel te
récompenſe de la compaſſion que
tu me témoignes. Mais, dis-moi,
eſt-ce par ton ordre que l'on m'arrache d'un déſert qui fait mon bonheur ? Ah ! ſi tu ſçavois combien
les hommes me ſont odieux , ſi

tu connoissois les raisons que j'ai de les fuir, tu ne me forcerois pas à les revoir.

Briteric entendit ces paroles : ému d'une tendre pitié, il contempla le Vieillard, & lui tendit la main, comme s'il se fût douté de sa qualité; car la Nature grave sur le front des Rois un caractere qui ne s'efface jamais.

Devons-nous juger de vos malheurs, lui dit Briteric, par la triste situation où vous êtes ? La fortune a-t'elle été contraire à vos desseins ? Pleurez-vous ici les maux qu'elle vous a faits ?

Que dites-vous ? s'écria ce bon Vieillard : Vous voyez cette caverne où tout manque : Non, les Rois dans leurs Palais ne trouvent point de douceur comme celle que j'y ai goutée. J'y joüis d'un calme

& d'une liberté que rien ne peut m'ôter, n'ayant plus besoin des hommes ni de commerce avec eux. Un perfide sujet en me privant d'un Sceptre que je tenois de Dieu, s'est rendu criminel envers lui; mais pensant me faire du mal, il m'a fait un grand bien : c'est à lui que je dois les innocens plaisirs que m'offre cette chere solitude, loin de la servitude & des embarras du Trône. O que l'état des Rois est un état pénible! Que de pieges ! Que d'épines ! Que de travaux ! Au nom de Dieu, n'enviez point l'heureuse indigence où je suis; ne troublez point mon bonheur.

Une réponse si austere surprit, mais ne rebuta point les deux Princes. Ils essayerent de lui persuader que la Providence qui avoit permis qu'il defcendît du Trône, pouvoit enfin , pour l'y faire remonter, lui offrir en eux les vengeurs de fon oppreffion, & que fi c'étoit là la volonté de Dieu, c'étoit l'offenfer que de s'y oppofer.

Hélas ! repartit le Vieillard, qu'exigeroit-il, cet équitable Dieu, dans le peu de temps qui me refte à vivre? Moi! tenter à l'âge où je fuis de remonter fur le Trône? Que me ferviroient ces travaux? Je n'en recueillerois pas le fruit! Encore fi j'avois à me flater que mon Sang profitât du fuccès de mes efforts : mais non, le feul Fils que j'avois, a peri à mes yeux ; & quelle plaie ne fait pas encore à mon cœur le fouvenir de fa fin malheureufe ! Epargnez-m'en le récit , vous en frémiriez vous-mêmes.

Les Mortels, reprit Briteric, tiennent du Ciel le rang qu'ils ont en naissant. Quiconque, étant né Roy, ne regne point, ne se révolte pas moins contre Dieu, qu'un simple Sujet qui aspireroit au Trône ; & dussiez-vous, reprenant le Sceptre, ne le porter qu'une heure, rentrez dans l'ordre de votre naissance : ce n'est point à nous autres de vivre dans des cavernes. D'ailleurs votre cause est la nôtre ; rendez-vous seulement à mes instances, je vous réponds du reste.

Quelque bonnes que fussent ces raisons, elles n'abbatirent point encore la fermeté du Vieillard. Une voix plus forte, dit-il aux deux Princes, doit se faire entendre à mon cœur, & je n'ai jamais rien entrepris sans la consulter. Dieu, poursuivit-il en levant les yeux au Ciel, écoutez la priere que je vous adresse en ce moment : Vous avez fait passer sur la tête d'un de mes Sujets une Couronne que vous m'aviez prêtée ; elle étoit à vous ; vous en avez disposé ; & vous sçavez avec quelle docilité j'ai reçu de votre main cette infortune. Elle eût été pour d'autres hommes une source intarissable de regrets ; elle fut pour moi la source des plus grands plaisirs : aussi , loin d'en murmurer , je vous en ai rendu tous les jours de ma vie de continuelles actions de graces. Mes jours coulent dans l'innocence ; rien ne trouble la sérenité de leur cours. Mais pour vous donner une nouvelle preuve de ma soumission, faut-il renoncer à ces douceurs inestimables? Ferai-je, pour remon-

ter sur le Trône d'où vous m'avez
fait descendre, des efforts qu'autrefois vous n'avez point avoués?
Daignerez-vous les avouer aujour-
d'hui? Ah! Grand Dieu, si mon
Regne ne vous fut point agréable:
si je n'eus point pour mon Peuple
une tendresse de Pere : si la vertu
ne fut point la regle de ma conduite ; confondez les témeraires
desseins qu'on m'inspire ; ne per-
mettez pas que je prenne un rang
dont je sois indigne.

Cette Priere fut portée au Trône
du Souverain Dispensateur des
Sceptres & des Empires. Une voix
pareille au bruit du tonnere sortit
à l'instant de la Forêt voisine, pro-
nonçant distinctement ces mots :
Ta Couronne est perduë pour toi,
va joindre ton Fils.

Alors le Vieillard s'écria : Hé

bien ! mes amis, le Ciel se déclare ;
plus de Couronne pour moi, vous
le voyez : la mort est tout mon
partage. Ombre pâle & sanglante
d'un Fils que j'ai vu immoler, je
vais donc enfin me réunir à toi.
Dieu tout-puissant, poursuivit-il,
achevez, rompez les foibles liens
qui m'attachent à la vie. Et vous,
en s'adressant aux deux Princes,
souffrez que je fasse mon tombeau
de cet antre, dont je fais depuis si
long - temps mes délices. Ne m'y
troublez plus : j'y retourne en attendant la mort : adieu.

En achevant ces mots, il s'en
alloit en effet, & personne ne songeoit à l'arrêter, tant la volonté
du Ciel paroissoit le défendre. Mais
voici tout-à-coup qu'il s'éleve un
vent impétueux dans la Forêt, &
que la même voix qui en étoit déja
sortie,

fortie , fait entendre ce nouvel Arreft : Pars, te dis-je, quitte ces lieux. Il recule, effrayé; ses genoux tremblans se dérobent sous lui; on s'en approche, on le soutient : Allons donc , dit-il, chercher le trépas ailleurs ; obéïssons à Dieu. Puis tendant les bras vers sa grote, & la considerant avec des yeux baignés de larmes , il lui adresse ces mots : Je vous perds pour jamais, chere solitude, où mon cœur exempt des soins du Trône a goûté si long-temps d'innocens plaisirs. Je vous quitte, ô tranquille séjour, qui m'offrîtes sans cesse les douceurs d'une profonde paix ; mais je vous quitte à regret. Je ne te verrai plus, fontaine charmante, dont l'eau pure m'a si souvent desalteré. O combien de fois, assis sur tes rives, ai-je dit en moi-mê-

B b

me, tes ondes coulent moins pai-
fiblement que mes jours ? Hélas!
cet heureux temps n'eft plus.

Les regrets du Vieillard atten-
drirent les deux Princes. Ils igno-
roient encore les particularités de
fes infortunes : ils lui préfenterent
les mains, & l'inviterent à prendre
place dans un char qui les avoit
fuivis. Mais comme ils alloient
monter, plufieurs Etrangers qui
avoient cherché Briteric tout le
jour, l'apperçurent en ce moment,
& le faluerent de loin. Briteric les
ayant fait approcher, leur demanda ce qu'ils avoient à lui dire. Un
jeune homme de bonne mine, qui
portoit la parole pour tous les autres, répondit qu'ils avoient été
députés par les Suedois, pour lui
demander du fecours contre le
meurtrier d'Erric & d'Adelaïde,

qui, selon toutes apparences, étoit sur le point de descendre en Suede avec une Flote considerable. Qu'à la verité Pepin Roy des François, avoit bien voulu leur envoyer vingt-cinq mille hommes, mais que de cent Vaisseaux qui portoient cette Armée, la tempête n'en ayant épargné que dix, qui avoient eu le bonheur d'aborder en Suede ; & pour comble d'adversité, le Fils de Pepin dont la présence eût pu les rassurer, s'étant trouvé enveloppé dans le naufrage des autres, le foible secours qui leur restoit, étoit si different des forces que l'Ennemi leur avoit annoncées, que l'on jugeoit la Suede perduë sans ressource, si le Roy d'Angleterre ne devenoit son défenseur ; mais qu'ayant vu ses Ports remplis de Vaisseaux, ils es-

B b ij

peroient qu'il ne leur en refuseroit pas une partie.

Briteric répondit que les Vaisseaux qu'ils avoient vus, étoient à ceux qu'ils croyoient perdus. Il ajouta que l'illustre Fils de Pepin non seulement vivoit, mais encore qu'inquiet de leur situation, il n'attendoit pour les aller secourir, qu'un coup de vent favorable. Ne connoissez-vous pas ce Prince? leur dit-il, il est présent à vos yeux. Briteric en parlant ainsi, le montroit de la main.

Le jeune homme entendant ces mots, regarda un moment Charles, & lui dit, transporté de joie : Quoi ! Fils de Pepin, c'est vous? Par quel évenement prodigieux sortez-vous vivant du sein des flots où vous avez été si long-temps plongé ? Quelle Divinité vous a jetté fur ces côtes ? Le faux bruit de votre naufrage a mis la confternation dans tous les cœurs. Les Suedois ne vous regrettent pas moins qu'Erric & qu'Adelaïde. Mais vous vivez, ils font heureux. Hâtez-vous de voler à leur fecours, & vous me verrez fur vos pas, fi-non vous imiter, du moins parta-ger avec vous les perils aufquels votre valeur vous expofera.

Un difcours fi modefte, & tout enfemble fi flateur pour le Prince des François, attira les regards de toute l'Affemblée fur le jeune E-tranger qui l'avoit prononcé. Quel courage dans une fi grande jeu-neffe! s'écria-t'on, fi la Suede pro-duit de tels hommes, a-t'elle be-foin d'autre fecours ? C'eft fans doute un Prince du Sang d'Erric. Mais le jeune homme, confus de

ces louanges, ayant baiſſé les yeux,
& rougi, rompit enſuite le ſilence
qu'il avoit gardé quelque temps,
répliquant avec beaucoup de modeſtie, que la Suede avoit mille
Sujets plus capables que lui d'en
ſoutenir les interêts. A l'égard de
mon Sang, continua-t'il, il n'en
eſt point de plus infortuné.

De quel Sang donc, lui dit Briteric, le Ciel vous a-t'il fait naître?
Quelles diſgraces avez-vous reſſen-
ties? Qui les a cauſées?

C'eſt l'auteur du meurtre d'Erric & d'Adelaïde, répondit le jeune
homme. Vous allez, ô vertueux
Briteric, connoître les raiſons que
j'ai de m'intereſſer à ſa perte. Puiſſe
le récit des maux que ce Tyran
nous a faits, exciter votre pitié;
& vous, génereux Fils de Pepin,
vous animer à preſſer votre dé-

part pour hâter son châtiment. Il touche enfin au terme inévitable que le Ciel prescrit aux attentats des méchans ; il va tomber sous vos coups. Chers Mânes de mon Pere, vous allez être vengés.

Nos malheurs, poursuivit-il, ne me sont pas connus, pour en avoir été témoin : celui qui prit soin de moi dans mes premieres années, m'en a donné la connoissance. Je m'en souviendrai toute ma vie. Un jour ce digne Protecteur m'ayant appellé dans l'endroit le plus retiré de sa maison, m'en fit un récit que mes larmes & ses soupirs interrompirent vingt fois. J'avois à peine alors l'usage de la raison ; toutefois ses paroles n'ont jamais pu s'effacer de mon esprit.

A la tendresse que j'ai pour vous, me dit-il, vous me croyez sans doute l'auteur de vos jours. Je vous aime comme mon fils, il est vrai: mais vous n'êtes pas mon sang.

Quoi! vous n'êtes pas mon Pere? m'écriai-je en pleurant. Qui suis-je donc?

Ecoutez, reprit-il, vous allez passer avec moi sous un climat plus heureux, en attendant que la Providence me permette de consommer l'ouvrage que j'ai commencé, en vous conservant jusqu'à ce jour. Mais avant que nous quittions ces lieux funestes, j'ai de grandes choses à vous apprendre. Ecoutez-moi donc; & que les paroles que vous allez entendre, se gravent dans votre cœur, & n'en sortent jamais.

Non, vous n'êtes pas mon fils; mais vous êtes le Sang de mes Rois. Celui qui regne ici, est un Usurpateur. Ce méchant a chassé votre Pere

Pere du Trône ; & ce Trône est
celui de vos Ancêtres. O mon Enfant , que de maux votre Pere a
soufferts ! Aidé d'un petit nombre
d'amis fidéles , il avoit pour la quatriéme fois disputé sa Couronne à
la multitude de ses Conjurés , &
la Victoire toujours injuste s'étoit
encore déclarée pour eux. Il tomba dans les mains de l'Usurpateur ,
qui l'enferma dans une étroite prison , & là le fit déchirer à coups de
foüets , comme un vil Esclave ,
pour l'obliger à renoncer en sa
faveur au droit qu'il avoit au Trône. Et ce même jour , ô mon Fils ,
ce même jour , le dernier de son
Regne , & peut-être de sa vie , ne
vous eût point été moins funeste ,
si je n'eusse trompé les desseins de
votre ennemi commun. Il ne lui
suffisoit pas de chercher à mettre

C c

votre Pere hors d'état de lui faire
obstacle. Il falloit un double parricide pour affermir en ses mains
l'autorité qu'il vous ravissoit : Et
d'infidéles Sujets vous ayant livré
à lui, vous alliez être la victime
de son ambition, quand le Ciel
qui protegeoit vos jours, vous sus-
cita un Liberateur en moi. Dieu
m'inspira les vuës criminelles du
Tyran ; Dieu fut le seul témoin de
ma fidelité : je vous enlevai. Mais
celui à qui vous aviez été confié
par le Tyran, comptable à lui de
ce dépôt, & craignant ses ressenti-
mens, trouva le secret de vous
substituer une autre victime, qu'il
remit à l'Usurpateur. Je frémis encore, quand je me rappelle la destinée qu'il vous préparoit. Votre
Pere alloit combattre les révoltés
pour la quatriéme fois, comme je

vous l'ai dit. Il apprend que vous
êtes entre leurs mains. Quel spectacle tout-à-coup frappe ses yeux!
Il apperçoit un Soldat s'avancer
entre les deux Armées. Il lui voit
plonger son épée dans le sein d'un
enfant. Arrête, barbare, s'écrie-
t'il : c'est mon Fils : O mon cher
Effin!

Effin! répeta le Vieillard inconnu qui étoit présent. Qu'entens-
je? O mon Fils! c'est toi que je
vois?

A ces mots, le jeune Etranger
qui étoit demeuré un moment immobile, regarda le Vieillard; puis se
jettant à son cou : vous, mon Pere?
vous, Eugene? lui dit-il. O mon
cher Pere! Quoi! vous vivez?

Oui, c'est moi, mon Fils : c'est
votre Pere : c'est le même Eugene que Mordac a si cruellement

perſécuté. Quoi! ce perfide vit en-core? C'eſt donc lui qui pour en-vahir la Suede, en a fait perir le Roy? N'eſt-il pas content du Trô-ne d'Ecoſſe dont il joüit depuis ſi long-temps ſans trouble? Ses deſirs inſatiables ne ſont point encore aſſouvis! Le ſeront-ils jamais? Sa-crilege ambition! Fureur de re-gner! quand le cœur d'un Mortel ſe livre à toi, dans quel abîme de forfaits ne le précipites-tu pas? Mais, mon Fils, c'en eſt fait: j'en-trevois l'accompliſſement des De-crets du Ciel; ils nous annoncent la chûte du Tyran: vous pren-drez ſa place. Pour moi, je n'y peux plus prétendre: j'ai regné. Trop heureux que Dieu vous ren-de à mon amour, je n'en attends plus qu'une ſeule grace, je la lui demande avec ardeur; c'eſt d'ajouter à mes années le temps de vous apprendre à bien regner. Après cela , j'irai mêler mes cendres à celles de mes Ancêtres ; je rendrai mes derniers soupirs entre vos bras ; je mourrai content.

O mon Pere ! répondit Effin, quelles paroles cruelles prononcez-vous ? Je goûte à peine le plaisir de vous voir, que vous m'annoncez déja qu'il faut vous perdre. Non non , vous regnerez encore. Les jours que vous avez passés hors du Trône , seront rayés du cours de votre vie. Pour les remplacer, ces jours d'adversités, le Ciel retranchera les plus beaux des miens, & c'est en vous voyant regner que je m'en rendrai digne.

Mais, interrompit Eugene, quel est ce Protecteur intrépide qui vous a garanti d'une mort que je croyois

vous avoir vu subir? Connoissois-
je ce Sujet fidéle? Est-ce un homme à qui j'aye fait du bien? Un
Egrime? Un Ingialde? Un Ilditan?

Aucun de ceux-là, répartit Effin; c'étoit Adalgise.

Adalgise! reprit Eugene aussi-
tôt. Adalgise! mon Fils, lui qu'on
fit passer dans mon esprit pour un
Sujet dangereux, pour un pertur-
bateur du repos de mon Etat, pour
un de mes plus grands ennemis?
Lui, que je fis languir plusieurs
mois dans les fers? On m'en im-
posoit donc. Hélas! des serviteurs
durs, avares, injustes, avoient
pris trop d'empire sur moi. Ils re-
gnoient sous mon nom, & abu-
sant de ma douceur, ils m'entre-
tenoient malgré moi dans une vie
rampante, molle & inoccupée.
Mais le Ciel est équitable; il m'en

a justement châtié. C'est là le prin-
cipe de tous nos malheurs ; je n'en
puis douter. O Princes, dans quels
détails vous devez entrer ! Si vous
n'y entrez point, dans quelles fautes ne tombez - vous pas ? Voilà,
mon Fils, un grand exemple pour
vous : apprenez de là, quand vous
regnerez, à ne vous pas arrêter à
des avis, sans en pénétrer la verité :
connoissez qui vous parle ; voyez
tout de vos yeux : il faut, pour
ainsi dire, que l'activité d'un Roy
semble le multiplier. Si dès maintenant vous ne sentiez point en
vous cette activité, cette prudence,
cette pénétration ; je vous le dirois
d'avance, ne regnez jamais : mais
je rends grace à Dieu de l'excel-
lente éducation qu'il me paroit
qu'Adalgise vous a donnée : Et,
dites-moi, ce Grand Homme vit-
il encore ?

Ah! mon Pere, répondit Effin, s'il vivoit, vous le verriez ici. La tendreſſe qu'il avoit pour moi, ne lui permit jamais de me quitter. Le ſouvenir de ſes bontés renouvelle en ce moment le regret que j'eus en le perdant. Pardonnez-moi, mon Pere, des larmes que la joie de vous voir devroit m'empêcher de répandre.

Loin de les blâmer, mon Fils, répartit Eugene, je ne puis que les approuver : la reconnoiſſance les fait verſer. Quelle ſatisfaction pour moi de trouver en vous un reſſentiment ſi noble & ſi digne de mon Sang ? De quel œil vous regarderois-je au contraire, ſi le ſouvenir d'un Protecteur tel qu'A-dalgiſe, ne vous touchoit pas ? Vous ſeriez le plus ingrat des hommes. Continuez de nous apprendre

dre tout ce qu'il a fait pour vous.
Il avoit deſſein, nous avez-vous
dit, de vous faire ſortir d'Ecoſſe.
Quel fut l'effet de ſa reſolution ?

Auſſi-tôt Effin reprit en ces
termes les paroles d'Adalgiſe. Fils
d'Eugene, me dit-il, ſur la côte
Orientale d'Angleterre eſt une Iſle
où la cruauté de Mordac n'étend
point ſes droits. Nous y atten-
drons la mort du Tyran dans une
obſcurité paiſible, ſans autre crainte que celle de Dieu. J'abandonne pour vous les Heritages de mes
Peres ; je n'emporte point d'autres
richeſſes que vous : vous me te-
nez lieu de tout. Allons, mon
Fils, que rien ne nous arrête ;
partons.

Arrivés dans l'Iſle, nous allâ-
mes nous retirer dans de fertiles
campagnes où l'on n'entend ja-

mais que le doux son des Chalu-
meaux. Les Habitans de ces lieux
fortunés n'ont pour tous biens
que les troupeaux qu'ils élevent.
Les hommes prennent soin de les
conduire aux environs dans des
pâturages que la nature entretient
toujours verds, & tandis que leurs
troupeaux paiſſent, ils ſe raſſem-
blent ou dans un vallon charmant
ou ſur les bords d'un ruiſſeau paiſible, & là tous égaux & plus u-
nis que des freres, ils chantent
les plaiſirs de la vie champêtre.
Pendant ce tems-là, leurs femmes ſont retenuës dans les caba-
nes par des occupations confor-
mes à leurs talens, donnant à
leurs enfans une ſage & vertueuſe
éducation, ou filant de la toiſon
des brebis la matiere de leurs vêtemens. Telle eſt la vie de ces

Pâtres ; elle n'est pas brillante, mais elle est douce, tranquille, commode, agréable à Dieu. Les Habitans nous ayant apperçus de loin, accoururent au-devan t de nous, nous accueillirent avec beaucoup d'amitié, nous invite-rent à prendre avec eux un repas frugal, & ensuite nous conduisi-rent dans une cabane, qu'ils nous avoient préparée, & où nous trou-vâmes tout ce qui nous étoit né-cessaire. He bien ! mon fils, me dit Adalgise quand nous fûmes seuls ; ces objets sont nouveaux pour vos yeux ? Il semble qu'ils ne vous plaisent pas ? Vous ne me dites rien ? Ah ! lui répartis-je, s'ils me sont nouveaux, ils ne vous le sont pas moins ; vous ne trou-vez point ici les biens que vous avez laissés en Ecosse..... J'en

trouve d'autres plus touchans &
plus précieux , me répliqua-t'il :
j'y trouve la fûreté de vos jours.

En cet endroit Eugene ne put
s'empêcher d'interrompre Effin
pour admirer une fi grande géné-
rofité. Quel zéle ! Quel defintereffement ! s'écria-t'il. Que ne te
connoiffois-je , Adalgife ? Pour-
fuivez , mon Fils ; avez vous eu
le bonheur d'y vivre long-tems
avec lui?

Helas ! répondit Effin , la mort
me le ravit dès la feconde année.
Pourrois-je vous exprimer le douloureux état où je me trouvai à
la vuë d'une féparation fi cruelle?
Appuyé fur fon lit , je baifois fes
mains en tremblant , & les arro-
fois d'un torrent de larmes. Ciel!
ô Ciel! crivois-je , fi je perds Adalgife, que vais-je devenir ? Secou-

rable Dieu, ayez pitié de moi ; conservez mon cher Adalgife, ou faites que je le fuive. Alors Adal-gife pleurant lui-même, me difoit malgré lui : Ne perdons pas, mon Fils, le feul inftant qui me refte, à répandre des pleurs inutiles. J'ef-perois que Dieu m'ayant choifi pour arracher votre enfance à la mort, me conduiroit à ces jours fortunés où je puffe vous rendre au Trône de vos Ancêtres ; Il en difpofe autrement. J'ai fait ce qu'il m'a prefcrit : Je vous remets entre fes mains ; heureux.... Ah ! Effin, que vois-je ? Votre deftinée fe dévoile à mes yeux. Aux champs d'Angleterre.... Eugene.... Ce furent fes dernieres paroles : mon cher Adalgife expira.

Après un fi grand malheur, reprit auffi-tôt Eugene, quelle

reſſource vous reſtoit-il ? que fîtes vous ? ô mon Fils !

·J'employai mes premiers ſoins, repartit Eſſin, à lui rendre les devoirs funebres. Les Pâtres le révéroient comme un homme divin. Dès qu'ils furent avertis de ſa mort par mes gemiſſemens, ils quitterent leurs travaux pour aſſiſter à ſes Obſeques. Nous portâmes dans un Bois l'Urne précieuſe où j'avois renfermé ſes Cendres. Mais à peine cette Urne eut touché la terre, que nous vîmes avec étonnement ſortir de ſon ſein un Arbriſſeau dont les branches s'élevant peu à peu, ſe courberent au-deſſus d'elle, & la couvrirent en un inſtant. A la vuë d'un prodige ſi ſurprenant, nous ne doutâmes point que le Ciel n'eût couronné la vertu d'Adalgiſe. Ainſi retenu près d'un objet si cher, je passai deux lustres entiers sans songer à ma destinée. J'allois tous les jours à son Tombeau. L'Aurore à son réveil m'y trouvoit déja, & le Soleil en se couchant m'y trouvoit encore. Mais un jour que j'y étois suivant ma coûtume, m'étant par hazard endormi ; il s'apparut à moi pendant mon sommeil. Son visage n'avoit plus rien de mortel : des rayons étincelans entouroient sa tête : un parfum plus doux que l'odeur des fleurs s'exhaloit autour de lui. A cet aspect imprévu, les puissances de mon ame furent quelque temps comme liées & suspenduës. Un tremblement s'empara de tout mon corps. Adalgise vint à moi, & n'eut pas si-tôt mis la main sur mon front, que ma frayeur fut diſſipée. Les tems approchent, me dit-il ; préparez-vous , mon Fils , à remplir les deſſeins de Dieu. Il n'a point conſervé vos jours pour les uſer ici dans une vaine obſcurité. La Suede attend vos premiers exploits : allez lui rendre un ſervice éclatant. Vous me verrez encore , & alors je vous en dirai davantage. Creuſez la terre où vous marchez : la même puiſſance qui fit naître autrefois ſur mon Tombeau un Arbriſſeau miraculeux , vous fera trouver ſous vos pieds les richeſſes dont vous avez beſoin : prenez-les , mon Fils , & dérobez-vous à la hâte de ces deſerts où votre préſence irrite le Ciel. A ces mots il diſparut. Je fis ce qu'il m'avoit preſcrit : je partis dès le même jour à l'inſçu des Habitans ; je trouvai ſur la côte

de

de l'Ifle un Vaiffeau qui me con-
duifit en Suede, où quelque tems
après, je délivrai la Princeffe A-
delaïde Fille du Roi, des mains
des Envoyés de Mordac qui l'en-
levoient. Adalgife s'apparut encore à moi de la même maniere,
le jour que les dix Vaiffeaux François aborderent en Suede. Il
m'affura que je trouverois auprès
du Roi d'Angleterre le fecours qui
manquoit aux Suedois ; il m'or-
donna d'y aller moi même, & d'y
déclarer qui j'étois, m'ajoutant
que l'on y feroit fenfible à mes
infortunes. Marchez toujours dans
l'innocence, me dit=il encore ; &
fi quelque jour vous retrouvez
l'Ifle où vous avez fi long-temps
habité, entrez-y ; remerciez nos
bienfaiteurs ; & ne manquez pas
d'emporter mes Cendres en Ecof-
E e

se. Adieu , mon Fils, vous ne me verrez plus. Aussi-tôt je le vis s'éloigner de moi , je courus après lui, pour l'embrasser ; mais s'étant échappé de mes bras , il ne resta devant moi qu'une trace de lumiere qui m'éblouit & s'effaça peu à peu. C'est ainsi , mon Pere, que cet homme divin qui m'avoit donné durant sa vie de si visibles marques de protection , a bien voulu me les continuer encore depuis son trépas, en veillant sur moi jusqu'au moment que remis en vos mains , je le retrouve en vous.

Eugene attendri par une suite d'évenemens si extraordinaires , derechef embrassa tendrement Effin. Ah ! mon Fils, lui dit-il, que de graces nous avons à rendre à Dieu : humilions-nous devant

lui. Adorons fa main, qui nous a
confervés malgré tous les efforts
de Mordac. Il m'a conduit ici a-
près mille perils que j'avois courus
en Ecoffe. Il m'a envoyé ces deux
Princes pour m'arracher d'une
Caverne où j'étois depuis vingt
ans. Il nous a enfin rendus l'un à
l'autre. Il m'a rendu un Fils, en
vous rendant un Pere.

O mon Pere ! répondit Effin ,
rien n'eft égal à la joie que j'ai de
vous poffeder. Le Ciel a operé de
grands prodiges fur nous ; je les
publierai fans ceffe. Mais permet-
tez-moi de vous demander par
quel bonheur vous avez pu vous
dérober à la mort , & fortir de la
prifon où vous étiez renfermé.

Mordac , répartit Eugene ,
m'ayant privé de la liberté, comme Adalgife vous l'a dit , eut en-

suite l'audace de me venir voir,
couvert d'un Manteau Royal,
portant mon Diadême en tête &
mon Sceptre dans ses mains. A
cet aspect, je l'avouë, je ne pus
retenir ma colere. Monstre de perfidie, lui dis-je, quelle rage de
Tygre s'est emparée de ton cœur?
Après avoir eu le courage de dé-
trôner ton maître, ton bienfaiteur,
& de l'enfermer dans un affreux
cachot, tu viens le braver encore, & peut-être l'égorger in-
humainement. Va, barbare, ache-
ve : l'horrible plaisir de tremper
ses mains dans le sang d'un Roi
qu'on déteste, vaut bien qu'on
le répande. Verse-le donc ; qui
t'arrête ? Le cruel étoit environné d'un nombre de traîtres, mes
plus zélés Courtisans dans le tems
de ma prosperité. J'y reçonnus un

Ethod, le premier de mes Favoris ; un Lugthac, Géneral de la Cavalerie ; un Crathlinthe, Gouverneur de Province ; un Eder, Chef de mes Conseils : tous gens élevés par mes bienfaits, & qui devenus alors les esclaves de l'Usurpateur, eurent le front, après m'avoir entendu parler, de crier en furie que je méritois la mort. Mais Mordac leur ayant imposé silence, me tint ce discours que j'interrompis vingt fois. Eugene, me dit-il, je ne réponds point ici aux reproches outrageans dont vous m'avez accablé. Tout est permis à un homme qui se trouve en l'état où vous êtes ; & si quelque chose me fâche aujourd'hui, c'est que vous m'ayez mis dans la nécessité de vous traiter de la sorte. Quand je vous proposai de par-

tager la Couronne entre nous
deux ; si vous vous en souvenez ,
je m'y pris de la maniere du monde
la moins offensante. Je vous alle-
guai des raisons qui devoient vous
porter à me proposer vous même
ce partage. Que ne me preniez
vous au mot ? Que ne m'accor-
diez-vous de bonne grace ce que
je vous demandois? J'y eusse trouvé ma satisfaction , & vous votre a-
vantage. Mais non, vous m'avez
répondu avec arrogance ; vous
m'avez reçu comme le dernier
des hommes ; vous m'avez menacé du supplice. J'ai songé à prévenir par ma prudence l'effet de
vos menaces ; j'ai trouvé des amis
fidéles qui m'ont secondé ; nous
en sommes venus aux mains ; le
sort des armes à vuidé notre differend. Vous voilà vaincu , pri-

fonnier. Vous vous êtes attiré ce defaftre ; il eft jufte que vous en portiez la peine. Quoiqu'il en foit pourtant, je ne laiffe pas de vous plaindre : Il ne tiendra pas même à moi que vous n'ayez dans votre captivité tous les agrémens que l'on peut raifonnablement vous donner ; & pour prix de cette grace, je ne vous demande qu'une chofe qui vous eft aujourd'hui abfolument indifferente ; c'eft que vous me donniez un défifte-ment par écrit des prétendus droits que vous pourriez encore avoir fur le Royaume d'Ecoffe. Vous avez trop de bon fens pour croire que j'aye befoin de cette formalité pour regner. Mais je fe-rai toujours fort aife que vous me faffiez ce petit facrifice. Telles fu-rent les paroles de ce fcélerat ,

aufquelles fes Courtifans ne man-
querent pas d'applaudir. Quelle
douceur ! Quelle clemence ! Quelle bonté ! s'écrioient-ils à chaque
mot qu'il prononçoit. Et moi plus
outré de ces applaudiffemens que
du difcours de Mordac , je criois
en même tems : Quelle trahifon !
Quelle baffeffe ! Quelle indignité ! Enfin voyant que je refufois
déterminément ce qu'on m'avoit
demandé , ils fortirent , & je ref-
tai feul avec Arther , l'unique fer-
viteur qu'on m'eût laiffé. Or ce
Domeftique auquel j'étois depuis
long-tems attaché à caufe d'une
certaine reffemblance qu'il avoit
avec moi , trouva dès le foir même le moyen de s'entretenir avec
ceux à qui le foin de ma garde é-
toit confié. Il s'enquit d'eux s'il
lui étoit permis de fortir. Ils lui
firent

firent réponse qu'ils n'avoient encore reçu aucun ordre à son sujet ; & qu'apparemment il pouvoit aller & venir en toute liberté.
Dès le jour suivant il se présenta
aux portes de la prison qu'il se fit
ouvrir , sortit sans difficulté , &
deux heures après étant de retour ,
il vint me trouver mais tout effrayé. Qu'as-tu, Arther ? lui dis-
je : tu viens m'annoncer quelque
nouvelle scene. Ah ! mon cher
Maître, me répondit-il , je tremble
de vous dire ce que je viens d'apprendre. Parle, parle hardiment, lui
répliquai-je : Quelqu'affligé que je
sois , ne pense pas à me ménager :
Je m'accoutume à mes infortunes,
& ce m'est une espece de conso-
lation que de sçavoir jusqu'où
elles peuvent aller. Helas ! reprit
Arther , vous êtes condamné à la

mort , & vous touchez à votre
derniere heure. Cette funeste résolution est l'effet d'un conseil qui
se tint hier en présence de Mordac , après qu'il vous eût quitté.
Hé bien! mon enfant, lui répar-
tis je, qu'y faire? Il faut mourir,
puisque mes Sujets m'estiment indigne de vivre. Pour toi, va-t'en :
c'est assez de m'avoir été fidéle
jusqu'à la fin. Seulement je suis
au desespoir , qu'ayant reçu tant
de preuves de ton attachement ,
je n'aye pas le moyen de t'en ré-
compenser , c'est le dernier de
tous mes malheurs. Moi! m'en aller ? reprit Arther. Moi ! vous a-
bandonner , mon cher Maître ?
Je perirai plûtôt avec vous, si je ne
puis vous secourir : Essayons. Je
sors d'ici librement : prenez mes
habits , vous vous évadrez avec

la même facilité. O Arther, m'é-
criai-je, tu portes une ame au def-
fus de ta condition : mais, mon
enfant, que deviendras-tu ? Peu
m'importe, me dit-il ; pourvu que
je fauve mon Roy, je fuis content.
Là-deffus, il fe mit à mes genoux, me conjurant avec larmes de
ne m'oppofer pas à ma délivrance.
Attendri par fes prieres, je devins
comme immobile. Il profita de ce
moment pour me dépoüiller de
mes Habits, & me revêtir des
fiens, fans que j'euffe la force de
l'en empêcher. Il me prit enfuite
les mains, & me reveillant, pour
ainfi dire, de cette efpèce de lé-
thargie où j'étois, il me vit partir, en faifant mille vœux pour
la profperité de mon voyage. Je
marchois d'un pas fi mal affuré,
& j'étois dans un fi grand trou-

ble que pour peu qu'on m'eût
confideré, il n'eût pas été difficile de découvrir mon déguifement.
Mais le Ciel que j'invoquois en
moi-même avec toute l'ardeur
dont j'étois capable, ne le permit
point. Les portes me furent ou-
vertes fans aucun obftacle. Je for-
tis ; & me cachant le vifage de
peur d'être reconnu, je gagnai à la
hâte les dehors de la Ville. où je
trouvai fort à propos une Barque.
qu'Arther m'avoit indiquée, &
qui me transporta le même jour
fur les côtes d'Angleterre, d'où
continuant ma route par terre,
je vins tout feul dans cette campagne. Le hazard m'y fit rencon-
trer la Caverne d'où l'on m'a tiré. J'y entrai avec une ferme réfolution d'y paffer le refte de ma
vie, & j'ai toujours ignoré de-

puis la destinée qu'eut Arther.
Mais je crains bien qu'immolé à
ma place, il n'ait perdu le prix de
son génereux devoüement.

Eugene ayant cessé de parler,
le Roi d'Angleterre & le Fils de
Pepin, lui dirent & à Effin, tout
ce que la génerosité peut inspirer de plus consolant. Etant ensuite montés tous quatre dans un
même Char ils prirent le chemin
de la ville de Londres.

Sur la route, à quelque distan-
ce de cette Ville, étoit un Temple consacré au Dieu des Armées.
Constantin second, l'un des Pré-
décesseurs de Briteric, l'avoit fait
construire en mémoire d'une victoire signalée qu'il y avoit rem-
portée sur les Pictes & les Huns.
Les Murs de ce Temple étoient
de marbre, revêtus en dedans

d'Or & d'Azur. Des Sieges d'Y-
voire parſemés de Pierres précieu-
ſes environnoient un Autel ſur
lequel le nom de Dieu étoit gra-
vé en lettres d'Or , & aux deux
côtés de l'Autel on voyoit desmon-
ceaux d'Armes avec cette double
inſcription : Le Roy Conſtantin
Fils d'Audran Roy de Bretagne ,
& deux mille de ſes Soldats , ont
défait ici une Armée de Pictes &
de Huns , dont voici les dépouïl-
les.

Le Char étant arrivé vis-à vis
de ce Temple ; les Prêtres qui a-
voient été avertis du paſſage du
Roy vinrent, ſuivant la coutume,
le recevoir avec les trois Princes
ſous le Portique , d'où les ayant
introduits dans le Temple , ils
chantèrent des Hymnes ſacrés en
l'honneur du Dieu des Batailles.

Toute l'affiſtance ſe ſentit péne-
trée de la Divinité qu'on invo-
quoit avec tant d'ardeur. Briteric
& Charles ayant étendu la main
ſur l'Autel jurerent une étroite
alliance avec Eugene & ſon Fils.
Ils confererent enſuite ſur les
moyens de parvenir ſûrement à
l'expulſion de Mordac ; & le ré-
ſultat fut que puiſqu'on l'attendoit en Suede , le Fils de Pepin
s'y rendroit d'abord : Que cependant Briteric iroit par mer avec
Eugene & Effin à la tête de vingt
mille hommes en Ecoſſe ; & que ſi
l'on y trouvoit l'Uſurpateur , on
en informeroit Charles qui n'étant
plus néceſſaire en Suede , amene-
roit ſes Troupes en Ecoſſe, pour
les joindre à celles du Roy d'Angleterre. Après cela les quatre
Princes étant ſortis du Temple ,

continuerent leur route , & arriverent au Palais.

L'execution des grands deffeins dont je viens de parler, fui-
vit de près la propofition qui en
avoit été faite. Toute l'Angleterre inftruite en peu de temps des
malheurs d'Eugene applaudit à la
generofité de fon Roy: Il y avoit
dans les différens Ports de fes E-
tats plus de Vaiffeaux qu'il ne lui en
falloit pour cette expédition ; Mais
comme il ne pouvoit s'en fervir
qu'il n'agît directement contre la
fureté de fes mêmes Etats , il donna fes ordres pour l'appareil d'une
nouvelle Flote. Et les Ouvriers
qu'on y employa ; firent une fi
grande diligence qu'en moins de
deux mois quatre vingt Vaiffeaux
furent lancés à la mer. Après quoi
Briteric ayant dépofé entre les
mains

mains du Senat le Gouvernement du Royaume, & pris congé d'Edburge sa Fille, il se mit en mer avec Eugene & son Fils; & ce départ ne fut pas moins sensible à ses Peuples, que celui du Fils de Pepin l'avoit été quelque temps auparavant.

Ce Prince n'avoit point quitté la Cour d'Angleterre immédiatement après la conclusion de la Ligue, quoiqu'on l'eût ainsi arrêté. Un incendie subit arrivé à trois de ses Vaisseaux pendant la nuit, fut la cause de ce retardement. Mais cet accident ayant été peu de temps après réparé, il étoit enfin parti pour la Suede, où il aborda bientôt avec un vent très-favorable.

A peine les Vaisseaux à qui le Prince avoit fait prendre les devans, entroient dans le Port, que sur le bruit de sa venuë, les principaux de Suede, qui avoient été chargés par la Nation de la gouverner pendant l'interregne, se mirent en marche dans un appareil convenable à la situation de leur Patrie, revêtus de longs manteaux de deüil, faisant porter devant eux les marques de la Royauté, le Diadême, le Sceptre, le Manteau Royal & l'Epée, funebres dépoüilles qu'ils accompagnoient d'un pas lent, dans un triste & lugubre silence. Etant allés en cet état recevoir le Prince au moment qu'on le mettoit à terre, ils s'inclinerent profondément devant lui, le féliciterent sur son heureuse arrivée, lui firent une peinture touchante du meurtre d'Erric & d'Adelaïde, étalerent

à ses yeux leurs vêtemens ensan-
glantés, le remercierent du soin
qu'il avoit voulu prendre de venir
lui-même les venger; & lui offrant
ensuite la Couronne de Suede,
ils lui dirent que le Sang d'Erric
étant éteint, ils avoient songé à se
choisir un nouveau Roy, & que
c'étoit sur sa personne qu'ils a-
voient jetté les yeux. Nous vous
jurons, disoient-ils avec ardeur,
une entiere obéissance. Venez,
Fils de Pepin, venez vous asseoir
sur le Trône de nos Rois.

Charles reçut ce compliment
en Prince modeste, que la posses-
sion d'un Royaume étranger ne
tente point. Vous me proposez
d'être votre Roy, leur répondit-
il. Si j'avois la foiblesse d'y donner
mon consentement, de quelle maniere le monde l'interpréteroit-il?

On ne manqueroit pas de dire que
je me suis prévalu de l'extrêmité
fâcheuse où la Suede se trouve
aujourd'hui ; que je me suis mis la
Couronne sur la tête, vous ayant
forcé à me la céder ; ou bien qu'-
elle est le prix de l'assistance que
je vous ai donnée. Non non , le
Fils de Pepin n'est point connu
par ces sentimens. La Couronne
de son Pere lui suffit ; & s'il vous
prête un bras secourable dans vos
adversités , il ne veut d'autre récompense de cette action, que la
gloire qui y est attachée. Et puis,
Suédois , vous avez vos Loix ;
elles doivent vous interdire la liberté de prendre un Etranger pour
Maître ; & ne dites point que vous
avez le pouvoir de les transgresser.
Tout ce qu'ont fait vos Peres, est
sacré pour vous. Les maximes qu'-

ils ont établies, sont les vrais fondemens du Trône, qui ne peut subsister que par l'immutabilité de sa base.

Les Suedois furent fâchés de cette réponse, mais ils l'admirerent. Charles ne les surprit pas moins en leur apprenant qu'Effin avoit trouvé en Angleterre Eugene Roy d'Ecosse son Pere, que Mordac avoit autrefois détrôné. La part sensible que toute la Suede prit à cette grande nouvelle, aussi-bien qu'à l'heureuse arrivée du Prince François, fit essuyer pour quelque temps les pleurs qu'on ne cessoit de donner à la mémoire d'Erric & d'Adelaïde.

Cependant l'Armée qui avoit accompagné Charles, ayant été débarquée en même temps que lui, se rassembloit dans les dehors de la ville, se partageant en differens corps , & chaque corps se rangeant sous ses drapeaux. Elle couvroit une vaste Plaine dans laquelle le Prince se rendit, monté sur un Coursier indocile à toute autre main qu'à la sienne. Il en parcourut tous les rangs, & visita leurs armes. Ensuite il alla se placer avec quelques-uns des principaux Capitaines sur une éminence d'où il pouvoit mesurer l'espace que les Troupes occupoient ; & au signal qu'il leur donna , l'on vit cette multitude d'hommes dressée au moindre clin d'œil des chefs, faire montre de sa discipline, executer les mouvemens & les évolutions nécessaires dans un combat, s'ébranler toute à la fois , tourner à droite & à gauche, ouvrir, serrer, doubler les rangs , faire front de tous côtés, donner la vive image d'une Bataille.

Une foule de Suedois avoit suivi le Prince à cet exercice militaire. Leurs acclamations mêlées au son des trompettes guerrieres, retentissoient dans les vallées voisines. Ils ne cessoient d'admirer sa taille, & ce qui frappe encore plus le peuple, la magnificence de ses habits. Il étoit vêtu ce jour-là d'une saïe bleuë rayée d'or, ayant par-dessus une ceinture toute brillante de pierreries, d'où pendoit son épée.

La revuë ayant été faite, & tous les ordres donnés pour la distribution & le campement des troupes, le Prince rentra dans la ville. Les Suedois qui l'avoient complimenté à son arrivée, ayant eu le temps de déliberer sur sa réponse, & de

préparer tout ce qui étoit néceffaire pour le Couronnement d'un
Roy, fe préfenterent derechef à
lui, le priant d'honorer cette cérémonie de fa préfence, & d'y
vouloir bien préfider. Il reçut ce
témoignage de leur déférence,
comme il le devoit, fe rendit avec
eux dans la Place publique, &
s'affit au milieu de ceux qui devoient ou donner les fuffrages ou
prétendre à la Royauté. Déja l'on
agitoit de quelle voie on fe fer-
viroit pour y parvenir, les uns pré-
férant le fort à la pluralité des voix,
quand la conteftation fut tout-à-
coup interrompuë par un évenement extraordinaire.

Guftave, ce Suedois non moins
connu dans cette Hiftoire par fa
captivité & fon naufrage que par
fon Ambaffade auprès de Pepin,

avoit

avoit fuivi Charles d'Angleterre
en Suede. Il n'avoit pas été mis au
rang de ceux qui devoient avoir
part à l'Election du Roy, parcequ'ignorant la fplendeur de fon
origine, on ne l'en avoit pas jugé
digne. Il fendit la preffe & parut
tout-à-coup. Ecoutez-moi, Suedois, dit-il à l'Affemblée : Vous
fçavez les engagemens que j'ai
pris avec le Roy des Sarrafins. En
arrivant ici, je vous ai tout conté,
hors le motif de mon retour. Voici
des papiers fcellés du fceau de mes
Ancêtres : mon Pere me les a remis en mourant ; il ne m'a point
découvert les fecrets qu'ils contien-
nent, parcequ'il les ignoroit lui-
même. Il s'eft contenté de me dire
que ce dépôt étoit d'une extrême
importance, & en me le confiant,
il a exigé de moi un ferment invio-

H h

lable de ne le produire devant la Nation que dans le cas où l'évenement marqué fur la fubfcription de ces papiers arriveroit ; autrement & jufques-là, de les dépofer fidélement entre les mains de l'Aîné de mes Enfans, qui de même les feroit paffer à l'Aîné des fiens, & de celui-là fucceffivement à d'autres. Or l'évenement promis eft arrivé par la perte que nous avons faite d'Erric & d'Adelaïde. Prenez, lifez : j'attefte le Ciel que je ne fçais ce que c'eft.

L'Affemblée prit ce dépôt avec beaucoup d'inquiétude. Ayant jetté les yeux fur la fubfcription, elle vit que l'ouverture n'en étoit permife que quand le Sang d'Odain feroit entierement éteint, & au moment que l'on chercheroit un Roy dans une autre race. Et com-

me Erric étoit le dernier de celle-
là, il parut évidemment que Guftave ne s'étoit point mépris. On
rompt le fceau ; on trouve deſſous
un Ecrit dont le caractere en ma-
nifeſtoit l'ancienneté. Il étoit daté
de la troiſiéme année du Regne
d'Odain, & contenoit ces paroles :
Si le temps eſt venu, Suedois,
allez au Temple, à trois ſtades de
l'Autel, du côté de l'Orient, ſont
cachés en terre les Titres de vos
Loix primitives & les Actes du
Couronnement d'Odain votre premier Roy. Nous vous conſervons
ces monumens précieux, nous qui
ſommes vos Peres, pour vous apprendre ce que vous devez faire
au beſoin : Reſpectez nos avis.

Plufieurs ſiécles s'étoient écoulés depuis le Regne d'Odain jufqu'à celui d'Erric ; & ce n'étoit
Hh ij

pas merveille que les Suedois igno-
raſſent les Antiquités de leur Patrie; puiſque nous ignorons nous-
mêmes quelle fut veritablement
l'origine de ces Colonies qui ſont
venuës les premieres habiter la
France.

Après la lecture de cet Ecrit,
l'Aſſemblée fit proclamer par des
Heraults, que ſi quelqu'un ſe
croyoit deſcendre d'Odain, il eût
à ſe faire connoître; mais perſonne
ne s'étant preſenté, on ne douta
plus que cette Maiſon ne fût ab-
ſolument éteinte. On détacha auſſi-tôt deux hommes de confiance
qui ſe rendirent au Temple, & en
rapporterent une boëte d'or dans
laquelle on trouva les Titres &
les Actes que le premier Ecrit
avoit indiqués. On y reconnut
qu'avant la Fondation de la Mo-

narchie en faveur d'Odain & de ses Descendans, la Suede avoit eu differentes sortes de Gouvernemens : Qu'elle avoit obéi tantôt à un sage Vieillard, qui sous le nom de Pere ou d'Administrateur de la Republique, en portoit tout le poids, remplissant les plus pénibles obligations d'un Roy vraiment laborieux, sans en avoir le Titre, ni joüir des prérogatives & des honneurs du Trône : tantôt qu'elle avoit été gouvernée par un Chef unique qui étoit à proprement parler une vraie image & un veritable fantôme de la Majesté Royale ; car quoique tout se fit sous son nom, toute l'autorité cependant étoit entre les mains des principaux de l'Etat, censés tels par leur noblesse, leur probité ou leurs lumieres : D'autres fois enfin, qu'elle avoit été adminiſtrée par le Peuple, à l'excluſion des Nobles, ou conjointement avec eux.

Que la Souveraineté ayant été déferée à Odain, à cauſe des grands ſervices qu'il avoit rendus à la Patrie, on ne fit pendant la premiere année de ſon Regne que joindre le Gouvernement Monarchique à celui des Nobles & du Peuple, à deſſein de temperer l'un par l'autre : Que cependant cette maniere de gouverner ayant bientôt paru trop pleine de difficultés, dès l'année ſuivante on remit entre les mains du Roy la ſouveraine autorité ; & comme on s'en trouva beaucoup mieux, l'on proteſta ſolemnellement de n'y rien changer, tant que lui & ſes Deſcendans ſeroient ſur le Trône.

Mais que dans le cas où cette

race viendroit à manquer, la Nation rentrant dans le droit qu'elle avoit cédé à Odain & à son Sang, pourroit choisir tel de ces Gouvernemens que bon lui sembleroit ; & que pour s'y déterminer, il étoit nécessaire qu'elle en connût la forme, l'étenduë & les obligations ; ce qui étoit ensuite décrit en ces termes.

Les Vieillards, les Peres ou les Administrateurs de Suede ne sont ni Souverains ni simples Géneraux. Ils different des premiers en ce qu'ils sont privés de l'avantage de se donner des Successeurs, soit de leur sang, soit de leur choix ; n'ont droit de vie & de mort sur le Peuple, que selon les Loix, & dépendamment de ces Loix ; ne déclarent la guerre & ne font la paix que quand ils y sont auto-

rifés; ne deviennent ni plus puif-
fans, ni plus riches, parce qu'ils
ne peuvent rien exiger fur les
biens ni fur les fervices de l'Etat,
l'Etat n'étant pas obligé de contribuer à l'embelliſſement de leurs
Palais, à l'entretien de leurs Officiers, ni à la magnificence de leurs
équipages; ne portent ni le Sceptre, ni le Diadême, ni les autres
marques de la Souveraineté; &
que toute leur autorité fe borne à
faire obferver les regles qu'ils trouvent établies, fans en établir de
nouvelles. Ils font néanmoins fem-
blables en quelque chofe aux Rois;
& c'eft par là qu'ils different encore des fimples Généraux. L'autorité ne leur eft pas conférée pour
un temps : ils ne la perdent qu'en
mourant. Ils gouvernent feuls &
fans dépendance, fe partageant
tout

tout à la fois entre les travaux militaires & les fonctions civiles, choisissant & nommant les Généraux d'Armées, & les moindres Officiers, en même temps qu'ils protegent les Loix, jugent les differends, punissent les coupables, & font soigneusement entretenir le culte de la Religion. En un mot, ils sont les premiers ou les plus distingués des Suedois durant leur Administration. Mais au milieu des travaux qui en sont inséparables, ils conservent toute la simplicité des Particuliers ; de telle sorte que leur famille après eux, ne sort point du rang qu'elle occupoit avant leur élévation.

Le Peuple, sectateur idolâtre de la nouveauté, & toujours extrême dans ses jugemens, n'eut pas si-tôt ouï parler de ce Gouvernement , qu'interrompant la lecture que l'Assemblée vouloit poursuivre, il y donna son suffrage à grands cris. L'Assemblée eût mal fait sa cour au Fils de Pepin , en applaudissant ouvertement à ce changement bizarre ; & si elle l'approuva tout bas, elle essaya du moins en apparence de s'y opposer , mais toutefois avec si peu de succès que le premier venu eut le credit d'entrer dans l'Assemblée, & d'obtenir la permission d'y plaider la cause du Peuple. Il exagera les avantages que produiroit en Suede l'Administration que l'on venoit de réprésenter, & sans aucun respect pour le Prince qui étoit présent , parlant ensuite de la Monarchie, il en fit une peinture odieuse. Charles offensé personnellement par l'endroit de la

Souveraineté qu'on y attaquoit,
se mit en devoir d'y répondre.
Vous ne sentez pas, dit il, les con-
séquences de votre demande , &
vous avez lieu de les appréhender.
La Monarchie a ses inconveniens,
je ne l'ignore pas ; mais elle a de
grands avantages qui vous la rendent préferable à l'impuissante Administration d'un Vieillard. Qu'-
avez-vous d'ailleurs à reprocher à
la mémoire de vos Rois ? De quelle
maniere Erric vous a-t'il gouvernés ? Pensez-vous être d'une pire
condition à l'avenir ? On voit quelquefois , je le sçais , on voit des
monstres dans le Trône qui regar-
dent les désolations publiques ,
comme les plus illustres marques
de leur autorité. Mais pour ceux-
là, combien en est-il d'autres dont
le pouvoir n'éclate que dans l'ab-

baiſſement des Ennemis de l'Etat & dans la félicité de leurs Sujets? Au reſte, quand la Royauté ſeroit un mal, ce ſeroit un mal néceſſaire à votre Nation, qui foible par elle-même, doit conſiderer ſes voiſins comme autant d'Adverſaires, qu'elle ne peut réprimer qu'en éliſant un Roy qui paroiſſe à la tête de ſes Armées, dans tous les combats. En vous parlant ainſi, Suedois, vous voyez ſans doute que c'eſt moins le parti de la Souveraineté, que celui de vos intereſts que je prends : je les connois mieux que vous ; & pour vous prouver à quel point je les ai à cœur, je vous déclare que ſi vous ne changez de ſentiment, je pars dès aujourd'hui de Suede; je vous livre à la cruauté de Mordac. Il fondra ſur vous comme un loup raviſſant ſur un Troupeau ſans chef ; & pour n'avoir pas voulu céder la Couronne à un de vos freres, vous ſerez forcés de l'offrir au plus redoutable de vos enne- mis, pour être gouvernés en Eſ- claves. Alors vous m'appellerez à votre ſecours ; mais dès que vous m'aurez contraint à vous aban- donner, je ne vous écouterai plus. Vous vous ſerez ſoumis au Tyran d'Ecoſſe : je ne détruirai point vo- tre ouvrage.

Ceux qui ſçavent avec quelle inconſtance les Peuples tournent au moindre vent, comprendront l'effet ſoudain qu'eurent les paro- les du Prince. Ils demanderent avec empreſſement qu'on prît un des Grands du Royaume au ſort, & qu'on le leur donnât pour Roy.

Les Grands de Suede étoient au

nombre de douze : Alfidan, Olave, Adelstan, Blatande, Arzal, Ilderic, Adolphe, Heriolt, Sivalde, Hormond, Alfrede, & Gisefroy. Leurs noms furent jettés dans une Urne, & en même temps qu'ils en sortoient, on ouvroit au hazard les Livres Saints que les Suedois avoient coutume de consulter, lorsqu'ils étoient obligés de s'en rapporter à la décision du sort. Mais par une espèce de prodige, ils n'en reçurent en cette occasion que des réponses peu favorables. Les voici :

Pf. 2. 9.
Apocal.
2. 27.

Alfidan. Il gouvernera la Nation avec un Sceptre de fer, & elle sera brisée comme un vase d'argile.

Job 41.
25.

Olave. Il ne voit rien que de haut & de sublime, c'est lui qui est le Roy de tous les enfans d'orgüeil.

Adelstan. Il parlera insolemment contre le Très-Haut ; il foulera aux pieds les Saints du Très-Haut ; il s'imaginera qu'il pourra changer les temps & les Loix. Daniël 7. 25.

Blatande. Les gens de bien se riront de lui, en disant : Voilà l'homme qui n'a point pris Dieu pour son Protecteur, mais qui a mis son esperance dans la multitude de ses richesses, & qui s'est prévalu de son vain pouvoir. Ps. 51. 6. 7.

Arzal. Si vous livrez ce Peuple entre mes mains, je ruinerai ses villes. Nomb. 21. 2.

Ilderic. Il sera semblable à celui qui glane dans la moisson, qui recuëille avec la main les épis qui sont restés. Isaïe 17. 5.

Adolphe. Il tient en sa main une balance trompeuse ; il n'aime que l'injustice. Ozée 12. 7.

Heriolt. Il n'a rien qui soit digne de la Royauté; il n'apporte à cette dignité que le cœur d'un cruel Tyran, & la colere d'une bête farouche.

Sivalde. Vous avez de la haine pour le bien, & de l'amour pour le mal : vous arrachez au pauvre jusqu'à sa peau, & vous lui ôtez la chair de dessus ses os.

Hormond. Vous ne penserez qu'à vous réjoüir & vous divertir, à tuer des veaux & égorger des moutons, à manger de la chair & boire du vin : mangeons & bûvons, direz-vous; nous mourrons demain.

Alfrede. Quand vous auriez élevé votre nid aussi haut que l'Aigle, je vous arracherois néanmoins de là, dit le Seigneur.

Gisefroy. Vous serez couronnés

tous

tous d'une Couronne qui ne vous
reſtera point ; vous ſerez rejettés
comme une balle qu'on pouſſe
dans un champ large & ſpacieux ;
vous mourrez là , & c'eſt à quoi
ſe réduira le char & la pompe de
votre gloire.

Ce dernier Oracle s'adreſſant
également à tous les prétendans,
nul d'eux, après l'avoir entendu,
n'oſa plus briguer la Royauté, par
la crainte d'une deſtinée pareille à
celle d'Erric & d'Adelaïde. Mais
à quelques jours de là, les Suedois
ayant fait rapporter dans une nouvelle Aſſemblée les Actes qui s'é-
toient trouvés dans le Temple, &
dont la lecture avoit été interrompuë, un Ecrit ſur lequel on tomba
d'abord , apprit que ſi la Nation
ayant vu la forme des anciens
Gouvernemens , vouloit néan-

K k

moins s'en tenir au Monarchique,
elle devoit prendre pour Roy le
Dépositaire de l'Ecrit qui avoit
indiqué les autres : car outre que
nul entre les Suedois n'étoit issu
d'un Sang plus illustre, l'un de ses
Ancêtres, contemporain d'Odain,
avoit à tant d'égards merité la Couronne, aussi - bien que celui-ci,
que la Suede ne pouvant sans injustice la déferer à l'un plûtôt qu'à
l'autre, avoit eu recours à la décision du sort, qui s'étoit déclaré
en faveur d'Odain.

Gustave étoit présent à la lecture de cet Ecrit : cette déclaration
le regardoit personnellement. Le
Fils de Pepin en fut transporté de
joie. Approchez, lui dit il, prenez
une Couronne que votre sagesse
vous avoit acquise dans mon cœur,
avant que je sçusse qu'elle étoit

dûë à votre naiſſance. Regnez,
Guſtave, le Ciel vous diſpenſe de
la parole que vous avez donnée
au Roy des Sarraſins. Vous n'êtes
plus à vous-même, vous êtes à
l'Etat. Et vous, Peuples, hâtez-
vous de rendre hommage à votre
Souverain. Puiſſe - t'il porter le
Sceptre plus heureuſement que
celui qui l'a précedé.

Ainſi fut élu Roy par une ſin-
guliere providence de Dieu, cet
homme qui peu de jours auparavant avoit été exclus du rang de
ceux - mêmes qui devoient con-
courir à ſon élection; cet homme
menacé de paſſer ſa vie dans l'eſ-
clavage & de la perdre enſuite ſous
les flots; cet homme enfin conduit
par la main de Dieu, & comme
épuré dans ces ſituations fâcheu-
ſes. Mais interdit & confus, il n'oſe

pendant quelque temps lever les yeux ni parler. Les Grands & les Députés de la Nation mettent un genou en terre, le reconnoissent, lui prêtent obéissance. Il tire alors de son sein un profond soupir, & dit : O Prince ! ô Assemblée ! ô Peuple ! vous ne rougissez point de me préferer par le vain Titre de la naissance, à tant d'hommes que leur merite rendroit si dignes de la place où vous prétendez m'élever ! Si vous pensez qu'ébloüi par l'éclat de ce rang, j'aye la témerité de l'accepter, vous ne comprenez pas combien vous auriez sujet de vous en repentir. Ah ! croyez-moi, jettez les yeux sur quelqu'autre qui soit plus capable de faire honneur à votre choix : loin d'en être jaloux, j'ajouterai volontiers mon suffrage aux yôtres.

Ce difcours étoit plein de fageffe, & Guftave en parlant ainfi, croyoit engager les Suedois à
fe retracter. Mais eux au contraire, s'obftinant à fon Election,
déclarerent d'une voix unanime,
qu'ils n'en vouloient point d'autre; & le Fils de Pepin les fecon-
dant, s'expliqua dans des termes
qui fignifioient affez qu'il n'agré-
roit pas que l'on agît autrement.
Ainfi l'Inauguration du nouveau
Roy de Suede fut faite inconti-
nent après, avec les applaudiffemens de toute la Nation.

Fautes à corriger.

Page vj. *lign.* 5. de Marck , *lisez* de la Marck ,

Pag. 7. *ligne* 6. que Erric *lisez* qu'Erric

Pag. 16. *lign.* 19 & 20 à la clarté des flambeaux *mettez* ; *avant ces mots* , & ôtez le point qui est ensuite.

Pag. 30. *lign. dern.* possesseur *lisez* possesseurs

Pag. 36. *lign.* 7. récente. *lisez* récente ?

Pag. 40. *lign.* 16. point part *lisez* point de part

Pag. 51. *lign. penult.* d'ignorer *lisez* d'ignorer pour votre gloire

Pag. 52. *lign.* 7. & 18. parus *lisez* paru

Pag. 59. *lign.* 12. & 13. quelques *lisez* quelque

Pag. 75. *lign.* 11. prêt *lisez* près

Pag. 77. *lign.* 6. passa *lisez* passe *lign.* 17. les *lisez* le

Pag. 80. *lign.* 13. avez-vous *lisez* vous avez

Pag. 83. *lig.* 1. & 2. Parlez, *lisez* Partez, *lign.* 8. ces *lisez* ce

Pag. 85. *lign.* 1. les *lisez* ses

Pag. 101. *lign. penult.* & *dern.* Guerre injuste *lisez* Guerres injustes

Pag. 102. *lign.* 2. leur dépouilles *lisez* leurs dépouilles.

Pag. 103. *lign. penult.* vante *lisez* vanta

Pag. 104. *lign.* 11. lieux ; *lisez* cieux ; *lign.* 13. les *lisez* ses *lign.* 15. secret *lisez* secrets lign. 16. maladie *lifez* maladies

Pag. 110. *lign. dern.* toutes les ôtez les

Pag. 114. *lign.* 18. le *lifez* fe

Pag. 119. *lign. dern.* fexe, *lifez* fexe ;

Pag. 122. *lign.* 17. plains, *lifez* plains ?

Pag. 137. *lign.* 5. commodités. *lifez* commodité.

Pag. 143. *lign.* 8. fur le *lifez* fur ce

Pag. 145. *lign.* 5. Contaris *lifez* Gontaris

Pag. 151. *lign.* 13. Gondaris *lifez* Gontaris

Pag. 173. *lign.* 4. laiffa *lifez* laiffant *lign.* 7.
Childeric *lifez* Chilperic

Pag. 183. *lign.* 2. crus *lifez* cru

Pag. 188. *lign. dern.* même. *lifez* mêmes.

Pag. 189. *lign.* 16. Quelques *lifez* Quelque

Pag. 201. *lign.* 19. point *lifez* pas

Pag. 207. *lign.* 14. fe multiplier *lifez* le multiplier.

Pag. 225. *lign.* 15. Parle parle *lifez* Parle,
parle.

Pag. 226. *lign. dern.* évadrez *lifez* évaderez

Pag. 230. *lign. penult.* chantoient *lifez* chan-
terent

Pag. 232. *lign. dern.* Brireric *lifez* Briteric

Pag. 245. *lign.* 15. vraie *lifez* vaine

Pag. 246. *lign.* 3. & *lifez* ou *lign.* 13. paruë
lifez paru.

BIBLIOTHÈQUE DE L'ARSENAL

www.ingramcontent.com/pod-product-compliance
Lightning Source LLC
Chambersburg PA
CBHW061449060726
47597CB00002B/531